TRAS LAS MASCARAS

Desórdenes de la personalidad en el comportamiento religioso

Wayne E. Oates

Traducido por
Alicia Zorzoli

CASA BAUTISTA DE PUBLICACIONES

CASA BAUTISTA DE PUBLICACIONES

Apartado 4255, El Paso, Tx. 79914 EE. UU. de A.

Agencias de Distribución

ARGENTINA: Rivadavia 3464, 1203 Buenos Aires
BELICE: Box 952, Belice
BRASIL: Rua Silva Vale 781, Río de Janeiro
BOLIVIA: Casilla 2516, Santa Cruz
COLOMBIA: Apartado Aéreo 55294, Bogotá 2 D. E.
COSTA RICA: Apartado 285, San Pedro
CHILE: Casilla 1253, Santiago
ECUADOR: Casilla 3236, Guayaquil
EL SALVADOR: 10 Calle Pte. 124, San Salvador
ESPAÑA: Riera de San Miguel 9, 08006 Barcelona
ESTADOS UNIDOS: Broadman: 127 Ninth Ave.,
Nashville, Tenn., 37234
GUATEMALA: 12 Calle 9-54, Zona 1,
01001 Guatemala
HONDURAS: 4 Calle 9 Avenida, Tegucigalpa
MEXICO: José Rivera No. 145-1
Col. Moctezuma 1ª Sección
15500, México, D. F.
Matamoros 344 Pte.
Torreón, Coahuila, México
NICARAGUA: Apartado 5776, Managua
PANAMA: Apartado 5363, Panamá 5
PARAGUAY: Pettirossi 595, Asunción
PERU: Apartado 3177, Lima
REPUBLICA DOMINICANA: Apartado 880, Santo Domingo
URUGUAY: Casilla 14052, Montevideo
VENEZUELA: Apartado 152, Valencia 2001-A

Primera edición: 1989

Clasificación decimal Dewey: 253.5

Temas: 1. Psicología pastoral
2. Personalidad; Trastornos de la
Aspectos religiosos

ISBN: 0-311-46116-6
CBP: Art. 46116

5 M 4 89   4826-09

A Swan Haworth,
Doctor en Filosofía
Mi colega pastor

INDICE

Reconocimientos

Las autoridades en cuanto a los desórdenes de la personalidad concuerdan en que la literatura sobre este tema es muy escasa. La obra de Hervey Cleckley, *The Mask of Sanity* (La máscara de la salud mental) que apareció en 1941, ha permanecido por muchos años como una de las principales. Yo me he beneficiado mucho con ese libro, como se puede ver en mi título. La obra *Diagnostic and Statistical Manual of Mental Disorders* (Manual de diagnóstico y estadística de los trastornos mentales), tercera edición, 1980 (DSM III) ha sido una guía importante para mi libro. El estudio crítico e histórico realizado por Theodore Millon en *Disorders of Personality: DSM III; Axis II* (Trastornos de la personalidad: DSM III; Axis II) ha sido indispensable tanto para mí como para mis alumnos en nuestro seminario intensivo, historia de casos, comprensión teórica y las investigaciones individuales del grupo en cuanto a las once categorías de los trastornos de la personalidad. Su trabajo es muy citado en este libro porque él ha pensado, dicho y logrado más en cuanto al conocimiento del trabajo de los dos últimos siglos que ninguno otro.

Sin embargo, mi investigación se ha concentrado en los tesoros de la experiencia cristiana en la Biblia y en la historia en cuanto al amplio espectro de sufrimiento humano y dureza de mente. Mi interés principal se ha centrado en los propósitos y funciones de la iglesia y su ministerio en relación con la gente detrás de las máscaras en sus formas diarias de vivir y trabajar. En consecuencia, la literatura de sabiduría de la Biblia y los escritos de personas como Juan Bunyan y William Shakespeare han sido fuentes importantes. Las enseñanzas de Jesús y de Pablo me han brindado comprensión y empatía.

Me siento endeudado con mis colegas en el Departamento de Psiquiatría y Ciencias de la Conducta de la Escuela de Medicina de la Universidad de Louisville. Hemos trabajado juntos por más de doce años en clínicas, conferencias y debates, consultándonos recíprocamente en cuanto a personas con comportamientos extremos, y manteniendo una profunda amistad personal. Las notas bibliográficas no son suficientes para expresar mi gratitud hacia ellos; cada página de este libro refleja su presencia y sabiduría en mi vida.

Reconozco especialmente la inspiración y participación de mis colegas Henlee Barnette, James Hyde, Drexel Rayford, Bettye Howell y Katherine Thornton Williams, quienes han estado siempre conmigo y con quienes he compartido los adelantos con pacientes difíciles. Juntos hemos preguntado al Señor: "Señor, ¿por qué no podemos sanar a esta persona?" Y también juntos tenemos este pacto: "Sanar a algunos, aliviar a otros y cuidar siempre."

Nada de este libro hubiera llegado a su forma final sin la competencia excepcional y la habilidad secretarial de Cindy Meredith de los servicios de oficina del Seminario Teológico Bautista del Sur. Ella nos ha dedicado sus capacidades como un ministerio a nosotros. A ella le expreso mi profunda gratitud.

Prólogo

Usted y yo queremos que nuestras relaciones con los demás sean suaves y correctas. Podemos tolerar el desorden hasta cierto punto. Más allá de ese punto, la gente que vive en un estado de trastorno perpetuo o constante nos irrita, nos molesta y nos frustra. Ellos nos desgastan los nervios. Pueden encolerizarnos, o deprimirnos, o a veces hacer las dos cosas. Los sorprendemos primero en una falta y luego en otra. Nuestra conciencia cristiana nos molesta porque en esas personas vemos algo de nosotros mismos. Empezamos a orar y a examinar nuestro propio yo, para no ser tentados a vivir como ellos lo hacen y combatir el fuego con el fuego. Ellos andan con una crisis tras otra y este ciclo se repite continuamente. Parece que no hay ninguna "ayuda" que tenga un efecto duradero. Al mirar a nuestro alrededor y ver cómo estas personas se relacionan con otras, nos damos cuenta de que no estamos solos. Ellos se relacionan con los demás de la misma manera que lo hacen con nosotros.

Cuando las personas con esta forma problemática de vivir son miembros de nuestra propia familia es cuando padecemos más estrés, cuando nos sentimos más acabados y desanimados. Al igual que los israelitas en Jericó, nos pasamos la vida dando vueltas y más vueltas alrededor de los muros que ellos levantan, haciendo sonar nuestras trompetas. Pero, a diferencia de Josué y su ejército, nosotros no podemos derribar esos muros. Sin embargo, esas personas son nuestra propia sangre; a veces un padre, una madre, un hermano, una hermana, un hijo, una hija. En muchas noches sin dormir podemos examinar nuestras propias historias y encontrar, como una recriminación, una docena de cosas que podemos haber hecho para "causar" que ese ser querido sea como es. A menudo este es el tema de conversación en la cama entre los padres de un hijo o hija que cambia constantemente de trabajo, que tiene varios divorcios, que juega con las drogas, o que siempre crea problemas en las reuniones familiares. Frecuentemente este es el tema de conversación entre hermanos que han logrado mucho éxito en cuanto al otro hermano que no hace nada bien. O puede ser a la inversa. Un hermano o hermana puede actuar de manera tan efectiva que logra mucho dinero y otros signos de afluencia, mientras que los demás "buenos" hermanos van a la iglesia, tienen trabajos comunes y apenas les alcanza para vivir. Aunque es menos frecuente, puede haber un tío en la familia que sea un parásito. El siega donde no sembró, recoge donde no puso nada. El no comparte sus posesiones ni con sus propios hijos; mucho menos con sus hermanos y hermanas. O puede haber otro pariente ante quien los demás de la familia deben formarse en línea, pararse derechos y permitirle que les controle cada movimiento. Si es un hombre, se mostrará espantado cuando encuentra una pequeñísima arruga en el cuello de su camisa. Si es una mujer, la menor huella de polvo será inmediatamente eliminada por la obsesión por la limpieza, y cada cubierto en la mesa debe estar exactamente a dos centímetros de distancia del otro.

Sin embargo, lo que más nos preocupa es encontrar estos trastornos de la vida diaria en la conducta de algunos amigos miembros de la iglesia. Nos sentimos alternativamente alarmados o encantados por ellos cuando son pastores, ministros de música, ministros de educación o de juventud, o líderes laicos importantes de la iglesia. En estos casos, la conducta de ellos es el tema de muchas conversaciones telefónicas entre los miembros de la iglesia. Son el tema favorito de los rumores que se generan en la imaginación de aquellos que, de otro modo, no tendrían nada para hablar y mucho menos para pensar. En este sentido, las personas con esos estilos de vida ayudan a que los demás no se aburran.

Cómo podemos usted y yo comprender y relacionarnos de una forma constructiva con esas personas, es mi interés en las páginas de este libro. Generalmente estas son personas saludables, pero usan su salud mental como una máscara, no como la expresión externa de una posesión interna. Son religiosas, pero no podemos comprender cómo, ni los sacramentos de las iglesias litúrgicas, ni las ordenanzas y "profesiones de fe" de las iglesias libres no han podido cambiar su forma obstinada de vivir sino que la han opacado bajo un velo de religiosidad.

Son "formas de vida". Cuando usted y yo leemos la Biblia con detenimiento, encontramos relatos claros de gente que vivía así —en las parábolas de Jesús y en las descripciones del Antiguo y Nuevo Testamentos en cuanto a trastornos de carácter en algunos personajes bíblicos. La literatura sapiencial del libro de Proverbios y de los Salmos está repleta de comentarios y enfoques en cuanto a ese tipo de conducta. Los escritos de los primeros padres de la iglesia, en forma de tratados de confesión, como los *Institutos* de Juan Cassio, reflejan una percepción profunda de los trastornos de conducta en personalidades religiosas. El *Progreso del Peregrino* de Juan Bunyan retrata no sólo esos trastornos del carácter, sino también actitudes y maneras de tratar con ellos dentro de nuestra percepción de la presencia de Dios.

Hasta hace poco, los psiquiatras, los psicólogos y los consejeros pastorales entrenados ponían juntas a todas estas personas con problemas, o las encasillaban en muy pocas categorías. Generalmente ellos reaccionaban frente a ese tipo de personas de la misma manera que lo hacen los laicos —con emoción e impaciencia. Anteriormente, a esos pacientes se les llamaba psicópatas. Luego se trató de diferenciarlos un poco y se emplearon varios términos para diagnosticarlos: "Sociópata", "personalidad inadecuada", "personalidad histérica". A menudo se agrupaba a tales personas bajo una clasificación pobremente definida pero vehementemente expresada, como es "trastornos del carácter". El disgusto, la risa o la burla surgen cada vez menos en las conferencias donde se presentan estos casos psiquiátricos. La comunidad terapéutica de una unidad psiquiátrica llega a ser la familia sustituta para los pacientes. Como resultado, esa comunidad se convierte rápidamente en el grupo próximo al cual la gente con trastornos de personalidad trata como a su familia biológica, su jefe, su cónyuge o sus hijos.

Desde la guerra de Vietnam, en general, y más específicamente desde 1980, la Asociación Psiquiátrica Americana ha elaborado una descripción muy cuidadosa de once patrones diferentes de trastornos de personalidad. Sus diferencias son suficientes como para distinguir uno del otro; sin embargo, tienen bastante en común como para existir en el espectro de estilos de vida que tienden a confundirse unos con otros. Consecuentemente, no son entidades bien diferenciadas, como las naranjas y las manzanas; sino que son como colores líquidos que se entremezclan formando un *collage* de luz. Son patrones de personalidad de toda la vida que la gente lleva consigo a través de cualquier enfermedad que les sobrevenga. La comprensión de estos patrones de vida puede brindar el contexto de conocimiento necesario para apreciar y tratar el estilo de toda una vida de esos individuos, así como son tratados los síntomas más llamativos que ellos presentan en la crisis de hospitalización. Como escuché decir al eminente psicoanalista Franz Alexander en un seminario en el cual participé: "Cuanto más estudiamos y tratamos las enfermedades agudas de la gente, más dejamos de ser simples médicos para convertirnos en maestros, clérigos y padres al guiar y alentar a las personas en sus formas de vida."

Un autor conocido que ha tratado mucho con personas sumergidas en estos estilos de vida mal adaptados es Hervey Cleckley. En su libro *The Mask of Sanity* (La máscara de la salud mental), afirma algo importante al decir que los trastornos de personalidad de esas personas son semblanzas de salud pero no son una auténtica forma de vida. En el transcurso de la vida se han ido desarrollando formas que no son genuinas, formas que parecen ser básicamente humanas pero que en realidad no lo son. De ahí su título "La máscara de la salud mental". En las siguientes páginas, usted y yo nos ocuparemos de desenmascarar estas formas de vida, en una manera humana y gentil pero persistente. Tales personas tienen un pseudo-yo que cubre la imagen de Dios en ellas. Nuestra oración respecto a cada uno de estos estilos de vida disfrazados es que podamos hacer que salga a la luz la verdadera persona. Luego ellas podrán alcanzar la meta por la que Sócrates oraba: "Oh Señor, dame belleza en el ser interior, y que la persona externa y la interna sean una sola."

La comunidad psiquiátrica del día de hoy ha publicado su clasificación de los trastornos de la personalidad en el *Diagnostic and Statistical Manual of Mental Disorders* (Manual de diagnóstico y estadística de los trastornos mentales), tercera edición, o DSM III. Este libro se ha usado desde 1980. Un miembro del cuerpo de médicos fue Theodore Millon, autoridad internacionalmente conocida en la comprensión y tratamiento de estas formas de vida. El escribió el principal texto sobre el tema, titulado *Disorders of Personality: DSM III; Axis II* (Trastornos de la personalidad: DSM III; Axis II). El sistema de once categorías usado en estos textos utiliza una nomenclatura diferente, como sigue:

DSM III	Theodore Millon
Personalidad dependiente	Patrón sumisivo
Personalidad histriónica	Patrón gregario
Personalidad narcisista	Patrón egoísta
Personalidad antisocial	Patrón agresivo
Personalidad compulsiva	Patrón conformista
Personalidad pasivoagresiva	Patrón negativista
Personalidad esquizoide	Patrón asocial
Personalidad elusiva	Patrón introvertido
Personalidad limítrofe	Patrón inestable
Personalidad paranoica	Patrón sospechoso
Personalidad esquizótica	Patrón excéntrico

Los términos originales son formidables pero los nombres que les da Millon nos conectan más con el lenguaje y la experiencia de nuestra vida diaria. Uno de mis objetivos es hablar de estas formas de ser, de estas formas de vida, de estos patrones de personalidad, en un lenguaje gráfico y común que yo mismo pueda entender y que usted y yo podamos usar en nuestra vida diaria. Quiero hacer todo lo posible para demistificar la erudición de las ciencias de la conducta usando mi lengua nativa, y hacerlo con metáforas, relatos y palabras pictóricas. Es evidente que Millon nos ayuda en este proceso, por ejemplo, cuando habla de la personalidad limítrofe como la "establemente inestable" y de la personalidad paranoica como "sospechosa".

Mis oyentes elegidos no son un grupo de profesores colegas o un grupo de investigadores clínicos, aunque valoro mucho sus comentarios y su compañerismo en los surcos que recorremos juntos diariamente. Mi oyente elegido es el padre, el maestro, el estudiante universitario o seminarista y el pastor cristiano. Yo me dirijo a usted directamente en segunda persona para que me sea más fácil ponerme en su lugar y hablar con usted enfáticamente, y no en forma lejana. Mi interés principal serán las expresiones distintivamente religiosas de estos comportamientos. Por lo tanto, espero que este libro se convierta en un catalizador para grupos de discusión entre pastores y miembros de iglesia. Estoy convencido de que muchos momentos de tensión en la vida de la familia de la iglesia se van a trasformar en más comprensión y menos insultos que degradan y hacen violencia en las personas de los hermanos en Cristo.

1

LA MASCARA DE LA DEPENDENCIA

Un bebé recién nacido es uno de los seres más indefensos de la creación, es como un ser sin terminar. Los bebés humanos dependen de otros, generalmente de los padres, por mucho más tiempo que los bebés animales. Este extenso período de la infancia requiere del cuidado paterno, aunque en cantidad e intensidad decrecientes, durante un período de dieciocho años. En algunas familias esta dependencia se puede extender hasta los veinticuatro años.

Algunos padres y sus hijos tienen un estilo de vida con dosis crecientes de independencia y responsabilidad para el niño mayor, el adolescente y el joven adulto. Su meta es proveerles una atmósfera afectiva de aprendizaje en la que los hijos aprenden a desenvolverse solos. Tal como lo enseñó Jesús, los niños aprenden de sus padres a abandonar las maravillas de la infancia y a dejar a su padre y a su madre en manera tal que les honre y no que les cause vergüenza, incomodidad y el sentimiento de haber fracasado como padres. Esta llega a ser una de las pruebas principales de la sabiduría de los padres y del valor, la seguridad y la confianza de los hijos e hijas.

Hay un tiempo para ser dependientes y un tiempo para ser independientes. Una enfermera pediátrica de mucha experiencia dijo: "Ser buenos padres significa no hacer las cosas que los hijos pueden hacer por sí mismos y dejarlos que experimenten haciendo aquellas cosas que no les van a lastimar, cosas que ellos *creen* que pueden hacer por sí mismos". Esto es difícil para el padre o maestro que piensa "prefiero hacerlo yo y no que ellos hagan un desparramo tremendo y nunca terminen de hacerlo". El padre, maestro o pastor

13

autoritarios que dan órdenes y hacen que la gente obedezca lo que ellos dicen sin permitirles responder, se van a encontrar con dificultades. Depender solamente de uno mismo es casi imposible en un grupo, culto, secta, denominación o jerarquía religiosa donde las masas de gente muy dependiente siguen al pie de la letra lo que les dice un dictador religioso. Ese tipo de autoridad absoluta puede ser apropiado en un combate militar donde la vida del soldado depende de las órdenes del oficial, o en la sala de operaciones donde el cirujano ha realizado la incisión y la vida del paciente depende de que el equipo haga lo que se les dice. Pero estas son situaciones de supervivencia muy intensas. No son ejemplos a seguir en la vida y el aprendizaje diarios de una familia, una escuela o una iglesia.

Los errores de naturaleza humana en los padres, maestros y ambientes vocacionales, producen personas que, pasando los dieciocho o veinte años, siguen siendo tan dependientes como cuando tenían tres, cuatro o cinco.

Características del estilo de vida dependiente

El siguiente puede ser un retrato de aquellos que muestran un estilo de vida dependiente: Generalmente son personas atentas, amigables y serviciales. En realidad, pueden ser tan sumisas a lo que se les dice que usted llega a pensar que están exagerando. ¡Parecen dispuestas a ser sus esclavas! Usted llega a sentirse molesto, a menos que sienta una gran necesidad de tener esclavos y quiera tener una reproducción de usted mismo, en cuyo caso no estaría leyendo este libro. Lo más probable es que usted sea como yo. Yo siento gran necesidad de ayudar y soy un cuidador inveterado. Hay un impulso maternal indiscriminado que corre a través de muchos hombres y muchas más mujeres. La persona dependiente parece tan "indefensa" que nos dejamos atrapar en esa trampa de ternura.

Cuando uno se relaciona más con personas con un estilo de vida dependiente, descubre que ellos no toman las decisiones para la vida basadas en su propio juicio y determinación. Como dice Erich Fromm en *Man for Himself* (El hombre para sí mismo), ellos sienten que la fuente de todo bien está fuera de ellos mismos y que la única manera de conseguir lo que quieren —"sean cosas materiales, afecto, amor, sabiduría, placer, es recibirlo desde una fuente externa" (Fromm 1947: 65-67). Fromm escribió el libro cuando tenía fresco en la memoria el "escape hacia la libertad" de todo un pueblo dependiente, durante el Tercer Reich. Al depender de la autoridad externa de Hitler, toda una nación fue atrapada en una dependencia patológica e idólatra. (Fromm también describe los estilos de vida de otras personalidades a las cuales nos referiremos más adelante. El estudioso concienzudo recibirá inspiración de la sabiduría auténtica de este libro.)

Otra característica prominente de las personas dependientes es que se ven a sí mismas como débiles, frágiles e ineficaces. Esas personas no confían en su propia opinión y menosprecian sus habilidades y aptitudes. ¿Tienen conciencia de que están hechas a la imagen de Dios, que son personas por las que Cristo murió, que tienen dones únicos que han recibido como dote o "capital" para invertir a su favor en la vida? No. Las buenas nuevas del evangelio de Cristo les caen como fuego extraño en un altar extraño. Se arrastran por el santuario de los antiguos oráculos que las han rebajado, las han considerado débiles, inadecuadas y que nunca van a lograr nada. Junto con esta imagen pobre de sí mismas, hierven de ansiedad e indecisión cuando deben enfrentar las responsabilidades de la escuela, el trabajo o el matrimonio. Están arrojándose constantemente a merced de otros a quienes perciben como superiores a sí mismos.

La forma de vida de las personas dependientes es deficiente en cuanto a iniciativa personal y constancia para las tareas. Es difícil formar una alianza de trabajo de doble vía con ellos, no importa cuál sea el papel de uno en sus vidas. Si usted es un padre, sus hijos o hijas dependientes esperan que usted los consienta con dinero, alojamiento y comida, no importa si se la pasan sin conseguir trabajo o perdiendo el que tienen. Si usted es un compañero de trabajo, tales personas son los lacayos crónicos que esperan que los demás les digan qué hacer. Hacen lo que se les dice y nada más. Sin embargo, es difícil criticarlas porque todo aquel que tiene una responsabilidad grande se siente agradecido de tener un "esclavo" aunque esto sea en detrimento del bienestar a largo plazo de esa persona. La iniciativa no existe en ellas, sino que delegan la responsabilidad.

Otra característica de los individuos dependientes es un temperamento dócil, no competitivo y plácido. Ellos se mantienen fuera de las tensiones sociales y los conflictos interpersonales. Son pasivos. Si la persona es un esposo o esposa, las decisiones de superar la crisis del estrecho presupuesto familiar, de mantener el registro de las entradas y los gastos, de preparar las comidas y limpiar la casa, de cuidar y alimentar a los niños, recaen sobre el otro cónyuge. Algunas interpretaciones cristianas de la sumisión de la esposa al esposo, y algunas ideas seculares en cuanto a los "machos", ayudan a ocultar el estilo de vida del hombre fundamentalmente dependiente. *El* es tranquilo; *ella* se preocupa demasiado y rezonga demasiado. Ella se siente incómoda al pensar que es más la madre sustituta del esposo, encargada de complacer cada una de sus necesidades, que una compañera que comparte las responsabilidades con él como coheredera de la gracia de la vida en Cristo. Por el otro lado, la tranquilidad del cónyuge dependiente se convierte en desconsideración. Ante Dios, las oraciones de tal persona serán estorbadas (1 P. 3:7).

Podemos ver el otro lado de la moneda en el matrimonio y ver cómo la esposa dependiente es tan sumisa que el retrato de Proverbios de la esposa que es más preciosa que las joyas nunca se cumple en ella. Es la adoradora indefensa ante el trono de su esposo. El es autoritativo, pero coloca a su "mujercita" en un pedestal. El gana el dinero, paga las cuentas, toma las decisiones, nunca le enseña a (o le permite, si ella ya lo sabe) hacer el balance de los gastos, no le permite que ella sepa cuánto cuesta mantener el hogar, ni el dinero que tienen en el banco, ni cómo hacer inversiones grandes tales como comprar una casa, un auto, un seguro de vida o de jubilación. El no quiere que ella se preocupe en su "preciosa cabecita" con esas cosas mundanas. El es un tirano amable y benevolente. Ella es una figurita de porcelana totalmente dependiente.

Sin embargo, si algo le llegara a suceder a él —si tuviera que ir a la guerra, o quedara imposibilitado físicamente, o se muriera— ella no sabría qué hacer o a quién recurrir. Se transformaría en una "viuda llorona".

Otra característica del estilo de vida dependiente es una afabilidad y ánimo superficiales. Este tipo de personas son demasiado dulces y buenas como para ser reales. Su aspecto de completa felicidad cubre con una capa sus propios errores. Esto también les lleva a minimizar los errores de los demás con un espíritu de sacarina que deja perplejo a todo el que les escucha. Se denigran a sí mismas mientras hacen excusas por injusticias que otros les han cargado. Una de sus características notables es la negación transparente dentro de la dulzura empalagosa de su forma de hablar.

Una última característica de las personas dependientes es su aislamiento y temor a la soledad. Se aferran a sus superiores en el trabajo. Mantienen sus matrimonios aun frente al abuso, la infidelidad y el abandono. Sin embargo, como afirma Millon (1981:114) "han aprendido bien su papel de 'inferiores'". Debido a la manera como desempeñan este papel, su cónyuge o compañero comienza a sentir que es "útil, compasivo, más fuerte y capaz". Advierta que estas son las cualidades que las personas dependientes buscan en sus cónyuges. Podría agregar que las personas dependientes buscan estas mismas cualidades en sus maestros, pastores, amigos personales y terapeutas.

Peligros importantes del estilo de vida dependiente

Hay grandes peligros que acechan a la persona dependiente. Cuando alguno de éstos les llega, responden con una conducta intensa que a veces toma forma y contenido religiosos.

Ansiedad por la separación y ataques de pánico

Las personas dependientes son altamente vulnerables a la separación (sea percibida, amenazada o real) de las personas de las cuales dependen. Cuando la separación ocurre realmente, a menudo los domina el pánico.

Por ejemplo, el pánico de la dependencia se ve claramente en las unidades de adiestramiento básico de los militares, en las clases de primer año en la universidad, o en el recién casado (puede ser cualquiera de los dos). Estos estados de pánico se ven más a menudo en las personas entre los dieciocho y los veinticinco años.

En nuestra cultura de las clases media y alta, todas las experiencias que acabamos de mencionar requieren que las personas "dejen padre, madre, hermano y hermana" y a todo el ambiente familiar del hogar. Los rituales del lazo familiar que brindaban seguridad ya no están más con ellas. Ahora hay una nueva serie de rituales que el militar, el universitario o el recién casado deben aprender y usar. Generalmente pensamos en esta ansiedad como "nostalgia". Hasta cierto punto todos, o casi todos, sufren esto. Sin embargo, en las personas dependientes la ansiedad de la separación las domina y las lleva al pánico, a un terror inspirado por un motivo insignificante o un concepto erróneo del peligro. La palabra "pánico" viene de la mitología griega. Pan era el dios de las manadas y los rebaños, y la deidad patrona de los pastores, los cazadores y los pescadores. Cuando un rebaño corría en estampida, era Pan el que lo había asustado. El pánico es la estampida de los procesos normales del pensamiento racional.

Este temor dominante surge del alejamiento de las personas dependientes de aquellos que han llenado su necesidad de apoyo externo, cuidado y provisión emocional. Otro factor para este alejamiento es cuando la persona tiene que asumir responsabilidades de adulto: Completar sus tareas en el estudio, dominar la disciplina militar, satisfacer las necesidades del esposo o la esposa.

El pánico en sí mismo es contagioso y hace que otros se muestren solícitos y voluntariosos para aliviar la responsabilidad de la persona dependiente.

La expresión religiosa del pánico toma varias formas. Una persona se puede aferrar fervientemente a un grupo religioso muy unido o a un líder religioso fuerte y prometedor. Seguramente usted conoce los nombres de grupos que son cultos a la personalidad y que giran alrededor de los dictados, rituales, reglas, normas y dichos de algún hombre o mujer. Los devotos dependientes se enamoran de las "seducciones del espíritu" que esta persona les ofrece. La forma de pensar de la mayoría de los otros seguidores refuerza la dependencia, la falta de responsabilidad y el escape de la libertad que este tipo de cautiverio religioso provee al alma necesitada de la personalidad dependiente.

Otras personas dependientes son más aisladas y menos gregarias. Puede ser que comenten algo así a un amigo íntimo, un capellán, un profesor de la universidad o seminario, o al pastor de su iglesia: "Encuentro que no estoy recibiendo respuesta a mis oraciones. Parece que Dios ya no me escucha." "Tengo miedo de haber ido en contra de la voluntad de Dios cuando dejé mi hogar. Si quiero estar dentro de la voluntad de Dios, creo que debo volver a casa." O pueden generar un "problema" religioso tras otro, por lo cual buscarán repetidamente la ayuda de un consejero. Ellos traspasan su dependencia al consejero y lo llaman constantemente por teléfono entre una entrevista y otra. Si el consejero sale de la ciudad por algún viaje de negocios o de vacaciones, ellos quedan deshechos —dominados por el pánico— al sentirse abandonados. De hecho, es posible que esa persona tenga tres o cuatro o más consejeros a la vez, sin que ellos lo sepan. Las entrevistas y las llamadas telefónicas en sí son defensas para aliviar la ansiedad por el temor de la separación.

La necesidad de magia en vez de religión

La desesperación de los adultos con trastornos de personalidad dependiente los empuja hacia depresiones periódicas. Generalmente estas etapas de depresión se precipitan cuando ocurre una pérdida o abandono. El divorcio o la muerte de un cónyuge son ejemplos comunes de esto.

Una viuda de sesenta y dos años había perdido a su esposo hacía catorce meses luego de una enfermedad de cáncer. Ella se fue a vivir con su hija porque no podía soportar la soledad. Tenía pocas amigas de su misma edad. Iba a la iglesia muy pocas veces y cuando lo hacía no participaba en ninguna clase o grupo pequeño. Se aislaba mucho. Aparentemente había superado la muerte de su esposo, pero su gran preocupación era haber cometido el pecado imperdonable. Ella le pidió a su hija que llamara al pastor y le pidiera que la visitara. Cuando él llegó, ella estaba en la cama, aunque no estaba bajo cuidado médico por ninguna enfermedad específica. Ella le relató al pastor su preocupaión en cuanto al pecado imperdonable.

La mujer había estudiado muy poco la Biblia y basaba su idea del pecado imperdonable en sermones que había oído, generalmente de un evangelista por televisión. El estudio de las promesas bíblicas le trajo poco alivio y no pudo hacer que ella cambiara el tema de su continuo lamento en cuanto a estar aterrorizada por haber cometido un pecado por el que Dios no la iba a perdonar. Ella seguía esperando que el pastor dijera la "palabra mágica" que le sacaría ese temor. El pastor le leyó 1 Juan 3:19, 20: "Y en esto conocemos que somos de la verdad, y aseguraremos nuestros corazones delante de él; pues si nuestro corazón nos reprende, mayor que nuestro corazón es Dios, y él sabe todas las cosas." El oró pidiendo alivio para ese temor ilógico.

Antes de irse, el pastor conversó con la hija. Ella estaba desesperada, sin saber cómo ayudar a su madre. Dijo que en la última semana, habían venido cinco pastores a su casa. Ninguno había tenido éxito en aliviar el problema de su madre. La hija dijo que el padre había "mimado a su madre, atendiendo a todos sus gustos" hasta que los hijos fueron lo suficientemente grandes como para seguir ellos con esa tarea. ¡Pero la madre tenía una salud excelente! Ahora que cada vez quedaba menos gente para que la sirvieran, se había deprimido. Ella necesitaba hospitalización psiquiátrica para su depresión, de la que su demanda de una "palabra mágica" era sólo una expresión. Ella había equivocado el enfoque total de la vida de fe como el llevar mutuamente las cargas con otros que sufren, en un compañerismo cristiano responsable. Su dependencia adictiva demandaba soluciones instantáneas que la dejaran con la menor responsabilidad posible. La muerte de su esposo había roto el balance de su trastornada personalidad dependiente, un cambio que produjo una creencia infantil e ingenua en una religión de palabras mágicas. Cuando se alivió su depresión clínica, gracias al esfuerzo combinado del tratamiento psiquiátrico y el consejo pastoral, ella pudo vivir de manera productiva en un hogar de ancianos, que ella pudo costear. La vida de grupo organizada del hogar, distribuyó su dependencia sobre un mayor número de personas responsables, con un experto terapeuta de grupo como su líder.

La formación de acuerdos mutuos con personas dependientes

La tensión en relación con las personas dependientes surge en varias esferas diferentes de las relaciones humanas. Los padres ven el futuro maduro de este estilo de vida en hijos e hijas que parecen no poder desenvolverse luego de su graduación del colegio secundario o la universidad. Puede ser que hagan varias incursiones en la vida independiente, pero terminan volviendo al refugio paternal. Los profesores y el personal de las instituciones educativas se encuentran con las personas dependientes, en diferentes formas. Algunos los tienen tras de sí constantemente buscando consejo, ayuda o su intervención en algunas crisis. Un estudiante puede sentirse atrapado por cada movimiento de su compañero de pieza o viceversa. Estas personas dependientes a menudo trasladan su dependencia del hogar paterno al lugar donde estudian, y se convierten en estudiantes crónicos, tomando cada vez más cursos y quedándose cada vez más tiempo en la escuela. Un resultado común es que el colegio o la universidad termine ofreciéndoles algún empleo insignificante, y se queden indefinidamente luchando por sobrevivir con un salario miserable.

Los esposos y las esposas en sus primeros años de matrimonio pueden darse cuenta por primera vez de la dependencia de uno sobre el otro, hasta el punto de llegar a ser un compromiso de un solo lado —uno da todo y el otro recibe todo. Quienes observan desde afuera se preguntan si eso es un matrimonio o una adopción. El síndrome de Cenicienta en las mujeres y de Peter Pan en los hombres, aparece en la literatura reciente sobre las personas que viven suponiendo que su cónyuge las debe cuidar aun hasta el punto de descuidar las necesidades del resto de la familia.

El estilo de vida de la persona dependiente tiene una gran variedad de expresiones que llevan a muchas personas en la cultura afluente de las últimas décadas a vivir sus vidas en una desesperación silenciosa. Sin embargo, esta forma de vida también tiene expresiones estrepitosas; la más común de las cuales probablemente sea la adicción a las drogas o al alcohol. Estas adicciones convierten a las personas en parásitas. Debido a su devoción sentimental, los demás pueden llegar a gastar fortunas para "ayudar" al adicto, en una relación defectiva y de una sola vía. Además, la depresión crónica (con amenazas veladas de suicidio) y los intentos débiles de suicidio son formas latentes de ira en reacción a familiares y terapeutas que quieren que esta persona comience a ser más independiente. Cada movimiento que los demás hagan para ayudar a la persona a ser independiente, será considerado por ésta como que la quieren abandonar.

¿Cuáles son algunos caminos efectivos para construir una relación responsable de amor con estas personas? Están hechas a la imagen de Dios. Son personas por las que Cristo murió, al igual que nosotros. ¿Qué podemos hacer por ellas sin aumentar su vida trastornada y sin permitir que nos tiranicen viviendo aferradas a nosotros o a otros seres queridos?

Considerémonos a nosotros mismos

Al relacionarnos con estas personas que tienen un estilo de vida evidentemente equivocado, usted y yo debemos empezar por considerarnos a nosotros mismos. Como padres, usted y yo nos podemos preguntar hasta qué punto la dependencia de este hijo o hija alimenta nuestra necesidad insaciable de que él o ella estén cerca, cumplan nuestros deseos, hagan lo que les decimos, nos den un sentido constante de estar al mando, un sentido exquisito de fortaleza frente a la "necesidad" de nuestro hijo. Esa "necesidad" puede ser una señal externa no de alguna debilidad real de parte del hijo o hija, sino de nuestra propia necesidad de que nos necesiten. ¿Por qué no satisfacer esa necesidad mía tan natural ayudando a esos pobres bebitos necesitados? ¿Por qué no ocuparnos de la verdadera necesidad del hijo o hija de crecer en fortaleza y competencia como adulto? Ya se pasó el tiempo de mecerlos en nuestro regazo.

Los profesores, administradores de escuelas, consejeros y equipos psiquiátricos también deben examinarse a sí mismos. La relación de enseñanza o la de consejo terapéutico, separadas o combinadas, son relaciones "puente" para que las personas bajo nuestro cuidado salgan de la isla de inmadurez para internarse en una isla mayor de madurez hasta llegar a la tierra firme de la adultez responsable. En la enseñanza de Jesús, esta adultez responsable significa la capacidad de aceptar el ministerio de otros como un regalo, llenos de gratitud, pero estar en el mundo primeramente para servir y no para que se nos sirva. Nosotros, como dadores cuidadosos, sea como amigos, maestros de la escuela dominical, pastores, profesores, psicoterapeutas, o una mezcla rara de todos ellos, debemos dejar bien claro delante de Dios cuál es nuestra propia necesidad de esa persona dependiente. Cuando lo hayamos hecho, entonces nos veremos como los puentes sobre las aguas revueltas de esa persona. ¡Pero todo *buen* puente tiene una señal bien visible que dice: "Prohibido estacionar"!

Establezcamos límites que estabilicen la ansiedad

Un hijo o hija dependiente se llena de pánico ante las nuevas responsabilidades de estudiar lejos de su hogar y decide abandonar y volver a casa. Los padres sabios insistirán en que empiece a buscar un trabajo después de haber determinado mediante sus cuidados amorosos y la atención médica que su hijo no está enfermo. Quizá convenga buscar la ayuda de un consejero, siempre que el hijo o hija estén de acuerdo. La ayuda externa, como la de un buen consejero, puede ser muy efectiva para todo el grupo familiar. Pero los padres no deben permitir que ese hijo o hija se la pase durmiendo todo el día y se levante por la noche para salir con sus amigos igualmente vagos. El apóstol Pablo escribió: "Si alguno no quiere trabajar, tampoco coma" (2 Ts. 3:10). También puede ser que, como bien sugiere Erik Erikson, el hijo o hija necesite una moratoria psicológica de la escuela. Puede ser que necesite trabajar en distintas ocupaciones antes de ir a la universidad.

En muchos casos el dinero es un factor para perpetuar la dependencia. Los estudiantes crónicos que nunca completan sus carreras, tienden a mostrar sus trastornos de personalidad dependiente agotando el dinero de sus padres o esperando que su cónyuge, generalmente la esposa, mantenga su estilo de vida de pseudo-estudiantes. Los que se dan a la bebida o a las drogas generalmente tienen un ser querido o una sucesión de amigos que los protegen cuando se meten en algún problema. El gastar dinero indisciplinadamente a menudo es el fruto de la "ayuda" de alguien que siempre les tiende un billete o les firma un cheque. Muchas veces los abuelos son el recurso de hijos o nietos derrochadores.

La sobreprotección de los padres tiende a producir formas de vida dependiente en los hijos adultos. Estos padres sobreprotectores implican que estas personas no pueden cuidarse a sí mismas. Como consecuencia, los hijos ven que su iniciativa propia se reduce o se destruye por un sentido de inferioridad e inutilidad.

Los maestros y terapeutas no tienen el tiempo y las energías ilimitados, y las responsabilidades hacia los otros alumnos y pacientes les lleva a establecer límites para la persona dependiente. El estar disponible las veinticuatro horas contribuye al desorden en vez de cambiarlo. Es necesario establecer un acuerdo sincero en cuanto a los límites al comenzar una relación con la persona dependiente, no después. Una clarificación firme y sincera, pero amable, del objetivo de fortalecer la autoconfianza de la persona, es lo más sabio.

Una terapia no-directiva centrada en la persona

El conocido psicólogo Carl Rogers, desarrolló un proceso de consejería muy influyente, el que primeramente llamó aconsejamiento no-directivo y luego reformuló como terapia centrada en el cliente. El la aplicó a áreas tales como el desarrollo y crecimiento de la personalidad, enseñanza y grupos de encuentro para relaciones humanas. Su hipótesis es que el consejero o maestro hace el mayor bien a las personas cuando (1) crea una relación de seguridad genuina sin amenazas, (2) busca ver el mundo desde dentro del mundo de las otras personas, como él o ella lo verían, (3) tiene confianza en la capacidad propia de las otras personas para tomar decisiones y llevarlas a la acción, y (4) evita tomar sobre sí mismo la responsabilidad de las vidas de las otras personas (Rogers 1951).

Sin embargo, este enfoque requiere una alianza terapéutica o educativa de parte de la persona que busca ayuda. Recientemente, Aaron Beck ha logrado resultados importantes, especialmente con personas crónicamente deprimidas, en su investigación y práctica de la "terapia cognoscitiva". Una de las bases iniciales que él sugiere es que se aliente a los pacientes y se espere que crean que ellos mismos *pueden* ser verdaderos partícipes de su propia curación. No se les condena a que sean "cosas" dependientes que deben ser "reparados" por otra persona.

En el consejo pastoral, esas expectativas se traducen en el compromiso de las relaciones de esas personas con Dios como el que los capacita a ocuparse de su salvación con temor y temblor. La condición ante Dios de las personas dependientes es que esperan que Dios haga todo por ellas sin ejercer la fe en ellas mismas y en Dios para poder levantarse y ser personas en su propio derecho. Dios en Cristo viene a nuestro lado mediante el Espíritu Santo, fortaleciendo con poder nuestro ser interior, para que deseemos y hagamos aquello para lo cual fuimos creados. Nos vamos a ir decepcionados si esperamos que Cristo haga todo por nosotros mientras nos atrofiamos y no expresamos nuestra fe en una manera viva.

Cómo sacar a la luz y afirmar los dones y fortalezas de la persona dependiente

El problema espiritual principal de la persona dependiente es la negación de sus propios dones y capacidades. Esa negación significa que sus dones yacen enterrados bajo la dependencia de otros. Cuando usted o yo llegamos a "creer en ellos cuando ni ellos mismos creen en sí mismos" la buena noticia de Dios en Cristo puede ser real para esa persona. Llegamos a ser hijos o hijas de consolación, personas como Bernabé. Estaremos colaborando con ellos en vez de permitirles que alienten nuestra vanidad con sus dulzuras vanas y genuflexiones ostentosas frente a nuestro poderío. Estaremos afirmando sus dones y esperando que ellos mismos los activen. No los enfrentaremos con hostilidad sino que los desafiaremos amablemente a creer que Jesucristo capacita a quienes creen en él con el poder de ser lo que son en potencia por los dones que Dios les ha conferido.

Reglas tomadas de la literatura de sabiduría bíblica para las relaciones con personas dependientes

Algo de lo que ya se ha dicho y mucho de lo que aún queda por mencionar en cuanto a una relación efectiva con las personas dependientes se encuentra claramente iluminado en las Escrituras. Esto es especialmente cierto en la literatura de sabiduría del Antiguo Testamento y en las parábolas de Jesús.

La literatura técnica nos llama repetidamente la atención a ese núcleo de ansiedad y falta de confianza que se advierte en estas personas. Frente a las presiones y demandas de la vida diaria, toman prestado o falsifican un yo extraído de las imágenes de las personas de quienes ellas dependen.

Para usted y para mí es el consejo de Proverbios 20:5: "Como aguas profundas es el consejo en el corazón del hombre; mas el hombre entendido lo alcanzará." Por lo tanto, nosotros miraremos más allá de las aguas superficiales del sentido de inutilidad y una pobre imagen de sí mismo a las aguas profundas de la ansiedad y la desesperación que aquellos generan. Nosotros buscaremos el diseño de arquitectura e ingeniería en el "propósito profundo" de estas personas, para encontrar su fortaleza escondida. Podemos encontrar esta fortaleza en la forma de un vecino, un maestro o un pastor que les haya comprendido o que haya creído en ellos como adultos. Esto es diferente de la "nenita de papá" o del "héroe de mamá" a quien el padre o la madre sobreprotegen privándoles del derecho concedido por Dios de arreglárselas por sí mismos, aprender a tomar decisiones y llevarlas a la práctica, y a ser personas autónomas relacionadas directamente con Dios como su Providencia. Nosotros persistimos hasta llegar a las profundidades de cada uno para encontrar su individualidad y las fuerzas creativas de la imagen de Dios en ellos.

Entonces podemos actuar sobre la base de la sabiduría de otro proverbio: "La angustia deprime al hombre; mas la palabra amable lo alegra" (Pr. 12:25, *Dios Habla Hoy*).

Las personas dependientes ciertamente han sido lastimadas por la falta de confianza en los recursos que Dios les ha dado, mostrada por quienes han sido responsables de enseñarles en el hogar, la iglesia y la escuela. Usted es esa persona comprensiva que pone confianza en ellos con palabras de aliento.

En la sabiduría que Jesús mostró en la parábola de los talentos, investigamos al siervo cuyo amo se fue de viaje y le entregó un talento. Cuando el amo regresó, el siervo le dijo: "Señor, te conocía que eres hombre duro, que siegas donde no sembraste y recoges donde no esparciste; por lo cual tuve miedo, y fui y escondí tu talento en la tierra; aquí tienes lo que es tuyo" (Mt. 25:24, 25). Acerquémonos a esas personas, si fuera posible, cuando estén decidiendo qué hacer con el don que han recibido. Respondamos al terror que sienten y que les priva de su juicio y de la libertad de acción. Seguramente querremos poner la mano de aliento sobre sus hombros, mientras estemos a tiempo. En la carrera competitiva de nuestra sociedad de consumo, los cónyuges, empleadores y toda la otra "gente dura" todavía no ha quitado el último vestigio de coraje y los ha dejado a un lado. A esta "gente dura" sólo le interesa el resultado final. Sin embargo, Dios les ama y cree en esas personas dependientes, porque él las hizo. Este mundo hostil no es amigo de una gracia semejante, ni de las profundidades de la sabiduría.

2

LA MASCARA DE LA PERSONALIDAD EMPAQUETADA

La palabra "histriónico" deriva del vocablo latino *histrio,* que significa actor. En la literatura psiquiátrica moderna se usa histriónico en lugar del término antiguo "histérico" para describir la personalidad. La palabra histérico deriva del vocablo *hystera,* que significa vientre, dando la impresión de que el término se aplica sólo a las mujeres. Sin embargo, la literatura actual sobre el tema, usa el término histriónico para referirse tanto a hombres como a mujeres. Ambos pueden seguir un estilo de vida fuertemente dirigido por otros, que agrade a la multitud, con una brillante actuación y que capte la atención. Esas personas son actrices, pero parece que nunca se bajaran del escenario, en contraste con los actores verdaderos que forman relaciones duraderas de confianza y lealtad con sus seres queridos, amigos y colegas.

En realidad, el hombre o la mujer histriónica es semejante a la persona que sigue un estilo de vida dependiente. Sin embargo, las personas histriónicas no son *pasivamente* dependientes. Son acaparadoras de escena agresivos, que manipulan a otros para obtener su aprobación y atención y que expresan con fuerza su necesidad de ser alabadas. No colocan, como dice Millon, "su destino en manos de otros. . . arriesgando en consecuencia constantemente su seguridad" (Millon 1981:131). Mediante muchas formas seductoras, manipulan, ejercen presión y mantienen muchas máscaras para obtener de los demás lo que quieren y necesitan.

Sin embargo, son gente muy bien empaquetada. Se ven

27

seriamente impedidas de la capacidad de formar y mantener relaciones permanentes, leales y duraderas con la misma persona o personas durante un período largo de tiempo, y nunca durante toda la vida. Sus relaciones son temporales y superficiales.

El "mercado" social y religioso para las personalidades empaquetadas

Erich Fromm hace una evaluación de la cultura del pueblo norteamericano. El considera a la personalidad histriónica de nuestros días como un "personaje de mercadotecnia":

> Para el personaje de mercadotecnia todo se transforma en una mercancía —no sólo las cosas, sino la persona misma, su energía física, sus habilidades, su conocimiento, sus opiniones, sus sentimientos, hasta su sonrisa.
>
> (Fromm 1973:349)

En otra obra (1947:69-78), Fromm es más específico:

> El éxito depende grandemente de lo bien que una persona se venda a sí misma en el mercado, de lo bien que impresione su personalidad, del buen envoltorio que sea, de si es entusiasta, íntegra, agresiva, confiable, ambiciosa... La premisa de la orientación de mercado es vaciedad, la ausencia de cualquier cualidad específica que no sea sujeta a cambio.

Dentro de la comunidad religiosa tenemos el resultado final de este estilo de vida endémico de una nación. En las iglesias se nos invita a convertirnos en histriónicos religiosos por emular las demandas políticas y sociales de la televisión de un "liderazgo cosmético", por las impresiones de gente con una "imagen de mercado". Muchas veces nos preguntamos al ver a predicadores y pastores, tanto como a legisladores, políticos y comerciantes, quién es la persona que está detrás de esa máscara. Oramos pidiendo liberación del cinismo. Sin embargo, nos preguntamos si esa persona no habrá estado actuando para lograr nuestra aprobación temporaria a fin de llegar adonde quiere llegar, o conseguir lo que quiere de nosotros. Mientras tanto, dentro de la persona hay un vacío, una necesidad de nuevas conquistas, nuevos estímulos, otras audiencias que la aplaudan. En una manera aguda, tal como T. S. Eliot las describe, son "personas huecas". El aburrimiento es su motivador constante y amargo. Pero pocas veces se dan cuenta de que este es su caso.

Cómo es el estilo de vida histriónico

Las personas histriónicas son vivaces y dramáticas, exageran mucho y dramatizan por demás lo que están describiendo. Reaccionan demasiado y su conducta está fuera de toda proporción con la cosa, persona o evento que las estimula. Están necesitando constantemente nuevos estímulos y excitaciones, y se aburren fácilmente con la rutina de la vida y el trabajo.

Con relación a la gente, se las puede percibir como superficiales y faltas de genuinidad, aunque por fuera se vean encantadoras y atractivas. Pueden "hacer amistades rápidamente, pero,una vez que establecen una amistad a menudo se tornan demandantes, egocéntricas y desconsideradas, lo que puede resultar en amenazas o intentos suicidas manipulantes" (Millon 1981:132).

Cuando observamos cómo se relacionan con el sexo opuesto, tanto dentro como fuera del matrimonio, vemos rápidamente que las personas histriónicas son asombrosamente encantadoras, tienden a vestirse en forma llamativa y buscan seductoramente controlar al sexo opuesto. Lo hacen comenzando una relación con un compañero sexual bajo una fachada de dependencia. La mujer desprotegida con un "hombre grande y fuerte" y el discurso del hombre que la fortalece, o los vuelos de ambos hacia una fantasía romántica, hacen que la relación sea ilusoria y pasajera. DSM III (pág. 314) se niega a identificar este comportamiento solamente con las mujeres: "En ambos sexos, la conducta abierta es una caricatura de femineidad. La verdadera calidad de su relación sexual es variable. Algunos individuos son promiscuos, otros son ingenuos y no responden sexualmente, y otros tienen aparentemente una vida sexual normal." Millon agrega (1981:140): "En la esfera de la sexualidad. . . muchos histriónicos están cómodos mientras 'juegan el juego' pero se convierten en confusos, inmaduros y aprehensivos cuando el asunto se torna serio".

Una queja constante en las personas histriónicas es que tienen malestares físicos vagos y difíciles de diagnosticar. Por ejemplo, cuando se ven atrapadas en una situación molesta y humillante, pueden llenarse de granos, o sentir náuseas, o pueden resurgir antiguos trastornos o intensificarse los actuales. Anteriormente la opinión médica tendía a creer que este era el problema principal, pero recientemente, gracias a estudios más sofisticados del estrés, las quejas somáticas y físicas de estas personas se consideran como menos importantes que las señales insatisfactorias de su estilo de vida interior e interpersonal.

Manifestaciones religiosas del estilo de vida histriónico

El pastor o líder histriónico

En el contexto eclesiástico, el estilo de vida histriónico encuentra muchas expresiones religiosas y muchos refuerzos sociales.

Yo he sido consultor de juntas eclesiásticas como también de pastores y laicos en las iglesias. En esos ambientes he observado que las decisiones de las comisiones que buscan personal, o de los consejeros denominacionales para las relaciones entre pastores e iglesias, se complican mucho por los candidatos que causan una primera impresión maravillosa y literalmente arrastran a la comisión y a toda la congregación. Ellos se presentan en una forma demasiado dramatizada, causando una primera impresión dinámica, y respondiendo con mucho cuidado a las sutilezas de las personas o grupos con quienes conversan, para caerles bien desde el principio.

La ironía de esta situación es que las mismas congregaciones quieren que su pastor o ministro de música o de educación o el que "trabaja con los jóvenes" sea sociable, extravertido y encantador. Al seleccionar a sus líderes muchas iglesias no tienen como su prioridad máxima una atención más cuidadosa en cuanto a si la persona es responsable con sus amistades, es seria en sus promesas sobre la base de la mayor información posible, y puede mantener relaciones personales que sean más largas y menos superficiales. Como consecuencia se hacen acuerdos descuidados y pobres con un líder tras otro. La iglesia puede recitar una letanía de quejas en cuanto al último pastor, o al anterior, o al tercero o al cuarto, que vinieron y se fueron al poco tiempo. Ellos se aburrieron y aburrieron a todos los demás.

Por el otro lado, un comportamiento mucho más significativo fue el que llevó a que estos pastores o líderes de la iglesia renunciaran. Inmediatamente después de asumir las tareas asignadas, la persona nueva comenzó a hacer cambios dramáticos en la forma en que se venían haciendo las cosas hasta ahora. Cuando surgió la resistencia, él o ella respondieron con una irrupción emocional. Esto llevó a explosiones de enojo y berrinches. Su queja puede ser que la gente de la iglesia sospecha de todo lo nuevo y quieren seguir haciendo las cosas a la antigua. Están clavados en sus costumbres. El nuevo pastor ansía novedades, estímulos y excitación.

La iglesia y el pastor en perspectiva pueden evitar este problema si ponen mucho cuidado en establecer acuerdos en cuanto a los cambios que la persona quiere hacer y el tiempo para hacerlos. En las iglesias con forma de gobierno congregacional, esto es difícil de lograr. Los acuerdos establecidos deben comunicarse a toda la iglesia. Cuando los miembros de la comisión de púlpito se encuentran atrapados por el histrionismo contagioso del líder en perspectiva, no podrán establecer un acuerdo claro y cuidadoso de sus expectativas con el candidato. Luego vendrá la excusa de que todos son personas muy ocupadas, con trabajos que les absorben todo el tiempo, para no mencionar cierta ingenuidad en percibir sólo lo que quieren percibir del candidato sin revisar mucho las cosas.

Actuación sexual en las iglesias

Los servicios religiosos no son inmunes a la excitación erótica. Algunos cultos en el templo o ciertos "*shows* religiosos" televisados están repletos de vestimenta, música y movimientos corporales seductores y de una religiosidad superdramatizada en el orden de culto. En contraste con estas exhibiciones histriónicas, la vida de Jesús es desoladamente trágica y dramática. Estas actuaciones exageradas establecen la atmósfera para una actuación individual de una conducta sexual superficial en privado.

Los estilos de vida histriónicos se destacan en esta conducta dentro del compañerismo de la iglesia. Es fácil que ocurran aventuras sentimentales entre los miembros que están cerca del liderazgo ministerial y entre los líderes laicos de la iglesia. A veces ocurren entre miembros de las juntas directivas. La proximidad y el fácil acceso, tanto a los edificios de la iglesia como a sus hogares entre sí, pueden hacer fácilmente que un acercamiento religioso sentimental se transforme en una relación erótica. Al estudiar tales casos, a menudo nos encontramos con que una, otra o ambas personas involucradas tienen un pasado en el cual sus relaciones de cualquier tipo eran superficiales y de corta duración.

A veces el pastor se involucra sexualmente con una persona histriónica durante una visita pastoral o una entrevista de consejo. El verdadero antídoto para esto es asegurarse y controlar con mucho cuidado la iniciativa, la hora y el lugar en que se realizará esta actividad. Nuevamente aquí se hace imperativo inspeccionar cuidadosamente cada demanda dramática del miembro de la iglesia o de cualquier otra persona que requiera tiempo y atención del pastor. Esta inspección aclarará el grado de emergencia que esa persona tiene en realidad. (Para la persona histriónica ¡todo es una emergencia!) La inspección también incluye considerar el lugar donde se encontrarán y si la hora sugerida es discreta y apropiada. Si esto no se hace así, la situación se verá saturada de confusión, pánico e inmadurez y mucha gente recibirá el contagio de la persona histriónica y será manipulada también. El pastor debe decidir si se va a dejar atrapar en la exageración aterradora de un incidente menor presentado como una catástrofe mayor, o va a frenar la cosa, inspeccionar e impedir que tales personas tengan el control.

Esto último también se aplica al laico de la iglesia cuyo pastor o ministro de música, de educación o de la juventud, mantiene las cosas en un estado de ebullición mediante la exageración o dramatización de crisis que les presentan. Usted puede usar la misma inspección fría y balanceada. El estudio del análisis transaccional presentado por Eric Berne describe minuciosamente las maniobras de la persona histriónica que siempre juega a causar tumultos. El dice que estos juegos son parte de un "libreto" mayor: Un modo de vida basado en decisiones hechas en la niñez, reforzadas y recompensadas o justificadas por eventos subsiguientes que provocan que los juegos engañosos sean la forma de vida habitual (Berne 1972:446).

Las expresiones religiosas de amor, intimidad, cuidado, compañerismo, compartir con otros y testificar a otros pueden convertirse fácilmente en eróticas y promiscuas. Primera Timoteo 5:1, 2 brinda un consejo sabio para las iglesias y sus líderes: "No reprendas al anciano, sino exhórtale como a padre; a los más jóvenes como a hermanos; a las ancianas, como a madres; a las jovencitas, como a hermanas, con toda pureza." El conocimiento psicoterapéutico actual alude y amplifica este consejo. Las iglesias pueden llegar a ser un enredo de familias incestuosas y abusivas, cada una trayendo consigo su propio libreto. Si esta familia espiritual en la iglesia ha de ser tratada como tratamos a nuestra familia en la sangre, entonces se hace imperativo ejercitar sabiduría y discernimiento. Cuanto más conozcamos en cuanto a la familia multigeneracional de estas personas, más podremos anticipar su respuesta y será menos probable que fortalezcamos la inmadurez que traen con ellos. Cuanto más comprendamos cómo fuimos tratados por nuestros padres, madres, hermanos y hermanas y cómo les tratamos nosotros a ellos, nos podremos relacionar más sabiamente con nuestros hermanos en la iglesia.

Algunas observaciones clínicas de parte de médicos y consejeros pastorales que han observado a niñas histriónicas señalan una relación causal entre síntomas físicos de episodios de amnesia y ataques sin lesión cerebral, y síntomas psicológicos de depresión, intentos de suicidio y huidas de su casa. Puede ser que la niña y su madre tengan un secreto oscuro, y ninguna va a confesar que su padre, su padrastro o el novio de su madre estuvo abusando sexualmente de la hija con regularidad.

En nuestra clínica descubrimos que detrás de muchos casos de patrones de conducta histriónicos en la juventud, yace una larga historia de abuso sexual incestuoso. Esto se puede encontrar tanto en hombres como en mujeres, aunque éstas son abusadas más a menudo. Es un imperativo del evangelio y de todos los ministros salvos del crimen de mala práctica pastoral, que el liderazgo de la iglesia no aumente esta historia de explotación sexual secreta.

Yo he advertido que estas personas histriónicas siguen manteniendo en secreto este abuso sexual. Como resultado se forman un territorio prohibido de pisar alrededor de sí mismas. Forman relaciones superficiales por temor a ser atacados nuevamente. Mantienen un espacio libre en su cuerpo contra la invasión y se ponen rígidas y asustadas cuando alguien las toca.

Otras experiencias influyentes en las personas histriónicas

Memoria sellada

Bajo la aparente superficialidad y el hecho de evitar una vida interior, las personas histriónicas tienen un recuerdo deteriorado de sus encuentros con otras personas. Cuando uno está fuera de su vista, está fuera de su mente. Ellas ya avanzaron hacia otro estímulo o experiencia. Esta es la razón por la que tienen poca fidelidad a las promesas y lealtad a las personas con las cuales han hecho un compromiso y a las cuales han hecho alguna promesa.

Factores biogénicos

No se ha establecido ningún caso convincente en cuanto a algún factor constitucional o bioquímico en la máscara neurológica de estas personas. Desde su nacimiento se informa que son "muy nerviosas" y "emocionalmente sensitivas". Mientras aguardamos más investigaciones médicas, tenemos muy poca información sólida que respalde el concepto de que la conducta errática del adulto histriónico es "herencia" de un padre u otro familiar.

Historia familiar

Siguiendo los estudios monumentales de John Bowlby en cuanto a la adhesión, separación y pérdida, combinados con las historias clínicas de personas con estilos de vida histriónicos, podemos elaborar la hipótesis, basados en la información que hemos recogido, de que ellas han estado yendo de un lugar a otro durante su crecimiento. Puede que hayan estado en una familia que se ha mudado a menudo. Entonces formaban amistades rápidamente, pero eran superficiales. Ellas sabían que iban a estar allí por poco tiempo, entonces, ¿para qué profundizar? O puede ser que hayan vivido en el mismo territorio geográfico que sus amigos, pero fueron pasando continuamente al cuidado de diferentes personas —padres, hermanos mayores, tíos y aun vecinos amigos que se encariñaban con ellas. Algunos hogares sustitutos también participaron en estas relaciones breves y superficiales. En situaciones tan transitorias, la persona que está creciendo siempre se siente como un extraño, una visita. El o ella descubren que usando algo de encanto, insinuaciones encubiertas y manipulación directa, es la única manera de conseguir algo en territorio ajeno. Muy pronto ven que para llevarse bien es necesario el hábito de sellar sus propios sentimientos y sus comunicaciones internas. La manera de sobrevivir es simplemente hacer lo que uno sabe o cree que va a agradar a esas personas, como si uno fuera un huésped en sus casas.

Necesidades paternas de exhibir a sus hijos

David Elkind ha hablado mucho del "niño acelerado" de hoy. Hay padres que, para su propia gratificación, ponen a sus hijos en exhibición delante de una audiencia, mucho antes de que el niño esté emocionalmente listo para eso. La aprobación paterna del niño depende de la habilidad o disposición de éste a ser un actor. A veces los padres gastan cantidades excesivas de tiempo con el hijo, vistiéndolo, adornándolo y haciendo que "se vea lindo". Estos histriónicos en fabricación son empujados a hablar en público, cantar o actuar. Las iglesias interpretan este tipo de éxito como una señal de que Dios los está llamando al ministerio. A menudo las señales menos dramáticas pasan inadvertidas. Los padres ven también como un éxito personal el hecho de que Dios esté llamando a esa persona a ser un ministro o un "animador cristiano".

En las grandes ciudades, se empuja al niño a escenarios tales como actuaciones de ballet, recitales de música, partidos de fútbol y concursos de belleza. Como dice Millon: "Los padres de los futuros histriónicos castigan muy pocas veces a sus hijos, ellos reparten recompensas sólo por lo que aprueban o admiran, pero a menudo no los recompensan aunque los hijos se porten bien" (Millon 1981:152).

Yo he observado este fenómeno en muchas generaciones de estudiantes del seminario y estudiantes de medicina que son hijos de gente importante. Sus mismos padres están bajo las marquesinas debido a su profesión. Sean pastores, abogados, actores o políticos, todos "se deben a su público" para hacer una buena impresión, mantener las apariencias y mostrar una buena imagen a cualquier costo. ¡El espectáculo debe continuar! Por asociación, los hijos los imitan y toman esa conducta para sí —con sus caricaturas personales incluidas. Algunas de esas caricaturas llegan a ser muy graciosas. Otras resultan humillantes.

Por ejemplo, una madre y un padre, líderes muy activos en su iglesia, se sienten muy complacidos cuando su hija decide dedicarse por completo al ministerio. Ella piensa ser una misionera en el extranjero, lo que provoca el apoyo ardiente de sus padres. Todo marcha bien hasta que la hija comienza a trabajar activamente en una lucha por los derechos civiles de los negros de la comunidad. Los padres no la castigan; simplemente no le dan su aprobación por "meterse con los negros". Para aumentar más esta situación, la hija entra al seminario, se enamora de un oriental y se casan. Esto alarma a los padres. Ella no los está imitando en aquello que los hace felices. Ella es obediente a las enseñanzas de sus padres, ¡pero ellos se sienten humillados!

La condición espiritual de la persona histriónica

La condición espiritual, a nivel verbal, de las personas histriónicas es la de una superdramatización global de los problemas superficiales. Ellas universalizan su perspectiva espiritual. Al igual que el salmista en el Salmo 116:11, ellas dicen que si alguien les traiciona, entonces *todos* son mentirosos. El hecho de que adviertan que una persona les ha mentido no hace que todas las personas sean mentirosas. Esta generalización es una afirmación que no se ha pensado. Si el novio de esa persona la dejó plantada, es probable que ella diga: "¡Mi vida se terminó! Todos los hombres (o las mujeres) son unos idiotas."

Los semanticistas son muy útiles para el consejero pastoral o el laico en la iglesia. Ellos nos sugieren que desafiemos, con amabilidad pero también con firmeza, esas respuestas globales de "todo o nada" que da la gente —respuestas como "todo", "todos", "nada", "nunca", "siempre", "nadie" y otras semejantes. Podemos hacerlo con preguntas como esta: "¿No hay por lo menos una persona que usted conozca que sea diferente de lo que acaba de decir?" El propósito es empujarlos hacia dentro de sí mismos para que piensen con reflexión. El don neotestamentario que estamos tratando de estimular en ellos es el del discernimiento, que les capacita para distinguir reflexivamente entre el bien y el mal (ver 1 Co. 12:10; He. 5:11-14 y 1 Jn. 4:1). En el matrimonio, el discernimiento se puede traducir como consideración o como resolver las cosas juntos en base al conocimiento en vez de atacar al otro con generalizaciones ("¡Ella nunca hace algo bien!"). (Ver 1 P. 3:7.)

Otra cuestión espiritual es el vacío interno del paciente histriónico. Este es el resultado final de una vida ausente de compromisos. Un grupo de enriquecimiento matrimonial puede ser muy útil para crear una atmósfera de confianza en la cual esta gente —al hacer un contrato donde se dice claramente que se comprometen a participar en el proceso del grupo hasta el final— puede empezar a llenar algo de su vacío al relacionarse con los demás como personas en Cristo y no como mercancías que se pueden descartar. La conocida afirmación de C. G. Jung de que sus pacientes de más de cuarenta años normalmente sufren de una falta de fe significativa, sugiere algo en cuanto a la crisis de un vacío existencial en las vidas de estas personas. He advertido que innumerables personas que vienen por consejo entre los treinta y ocho y cuarenta y dos años se quejan de aburrimiento en sus trabajos y en sus matrimonios. Vienen porque están pensando divorciarse y cambiar de trabajo al mismo tiempo.

Al definir la experiencia de consejo como la búsqueda de un nuevo sentido espiritual en la vida, uno anima a las personas a profundizar su compromiso con Dios y luego, usando esto como guía, a decidir lo que realmente es y cuál es su destino bajo Dios. Esto ayudará a dar una nueva forma a su interpretación total de la vida. El propósito es contrarrestar el vacío espiritual y la pobreza de pensamiento con los cuales están enfrentando dos temas importantes: amor y trabajo. La constancia de nuestra propia relación con ellas como consejeros actúa como catalista. La terapia familiar a menudo puede fortalecer el proceso e involucrar a otros miembros de la familia como un equipo de trabajo en las decisiones, compromisos y dedicaciones que se hacen.

Todo el concepto teológico de consagración y el desarrollo de lo que Josiah Royce llamó "la filosofía de la lealtad" es la principal gracia sanadora para la lucha del histriónico en el "mar agreste y tormentoso de la vida".

Sabiduría y perspectiva bíblicas para el cuidado de la persona histriónica

Un asunto ético recurrente se presenta en nuestra discusión de la condición de las personas histriónicas. El asunto tiene que ver con la relación del histriónico con los demás. Además, cuando esto se presenta en la comunidad religiosa, en las expectativas de sus miembros y sus líderes, se advierte que se ha formado una seria brecha espiritual en la enseñanza del evangelio de la redención que nos ofrece la vida, muerte, sepultura y resurrección de Jesucristo.

Este repetido aspecto ético y espiritual es la durabilidad eterna de nuestro compromiso espiritual con Dios y con los demás en Cristo. Esto se presenta en un marcado contraste con la brevedad, fragilidad, falta de durabilidad, de fidelidad y de lealtad, y falta de memoria de las promesas hechas que encontramos en el estilo de vida histriónico. Si se descubre que cierto individuo es una persona histriónica, entonces, parafraseando a Isaías, él o ella es una persona con un estilo de vida histriónico viviendo en una iglesia y en una comunidad con un estilo de vida histriónico. En esta iglesia y comunidad él o ella venden la mercancía de una "orientación de consumo" en un mercado bullicioso. Una vez más, cuanto más consideramos la conducta aberrante de los individuos, más nos alejamos de los doctores y terapeutas, y nos acercamos a las escuelas y sus maestros, las iglesias y sus pastores, y los hogares con sus padres. ¿Cómo podremos tratar con ambos, el individuo y la comunidad, cuando oramos pidiendo sanidad del estilo de vida histriónico? ¿Cómo podremos tratar amablemente al ignorante y obcecado y al mismo tiempo confesar nuestra propia participación en este estilo de vida? Permítame sugerirle algunos aspectos tomados de la sabiduría bíblica, que tenemos a disposición todo el tiempo.

La firmeza como una virtud cristiana

Nosotros reemplazamos la falta de durabilidad en el estilo de vida histriónico por un compromiso firme y a largo plazo, lo que en las Escrituras se denomina *firmeza*. Hebreos 6:17-20 afirma con claridad indiscutible:

> Por lo cual, queriendo Dios mostrar más abundantemente a los herederos de la promesa la inmutabilidad de su consejo, interpuso juramento; para que por dos cosas inmutables, en las cuales es imposible que Dios mienta, tengamos un fortísimo consuelo los que hemos acudido para asirnos de la esperanza puesta delante de nosotros. La cual tenemos como segura y firme ancla del alma, y que penetra hasta dentro del velo, donde Jesús entró por nosotros como precursor, hecho sumo sacerdote para siempre según el orden de Melquisedec.

La naturaleza intrínseca de la fe cristiana es proveer una fe firme de una relación segura y constante con Dios en Jesucristo y en los demás. El imperativo ético de la obra de Cristo como nuestro "precursor" es la firmeza y la lealtad. Pablo finaliza su extensa discusión teológica en cuanto a la resurrección con la instrucción ética: "Así que, hermanos míos amados, estad firmes y constantes, creciendo en la obra del Señor siempre, sabiendo que vuestro trabajo en el Señor no es en vano" (1 Co. 15:58).

Erik Erikson llama "fidelidad" a esta característica de la firmeza. En el desarrollo de la personalidad humana, la fuerza de la fidelidad llega a su punto de prueba más alto en la adolescencia. La fuerza de la fidelidad para cada persona en particular se forma en el crisol de la "doble incertidumbre del joven en cuanto a la maquinaria sexual que acaba de madurar y que debe mantenerse en suspenso en una o todas las funciones mientras él se prepara para ocupar su lugar en el mundo adulto". La persona enfrenta la prueba de desarrollar una coherencia interior y un juego de valores duradero. Luego, Erikson describe la fidelidad como la "habilidad para mantener lealtades que se han prometido en libertad, a pesar de las inevitables contradicciones del sistema de valores" (Erikson 1964:124-125).

En la comunidad religiosa contemporánea, necesitamos una fuerte revalorización de las enseñanzas "formales" de los adolescentes. Sea en el hogar, la escuela o la iglesia, ellos tienen un currículo secreto de recreación, especialmente el sexo superficial y recreativo, teatralidad como una marca de religiosidad, y el hecho de correr hacia la adultez. Nosotros sólo les demandamos esporádicamente que sean leales a los mejores intereses de los demás al costo de la negación personal de los deseos veleidosos que los presionan en ese momento. "Creciendo en la obra del Señor" coloca a la firmeza como superior a emociones temporarias. La fidelidad en el uso responsable de su cuerpo, automóvil y substancias que alteran la mente y en las promesas que ellos hacen, requiere una atención balanceada de parte de los padres y líderes de la iglesia en cuanto a los hábitos de decisión que se forman rápidamente. Esto involucra un cambio dramático de las reglas legalistas a los acuerdos negociados con el adolescente. Estos últimos son pactos mutuos que se establecen entre los padres y el nuevo adulto y que deben ser dirigidos, revisados y mantenidos con fidelidad. La revisión de estos acuerdos es la primera línea de defensa contra el estilo de vida histriónico. Al hacer con franqueza que este sea un currículo formal y al alejarse del currículo secreto en las actividades y reuniones de la iglesia, se hará un gran adelanto para vencer el estilo de vida histriónico. La vida interior del joven adulto que está emergiendo, no necesita ser una apariencia hueca y desprovista del núcleo de integridad y lealtad personales hacia un estilo de vida adulto.

Este núcleo interno de integridad tiene una expresión externa tanto en los adolescentes como en los adultos, en la duración y estabilidad de las amistades que se forman. La creencia formalmente establecida de la iglesia es que en la comunidad de creyentes permanecen la fe, la esperanza y el amor. Estas cosas duran por siempre. Están basadas en acuerdos que se han formado cuidadosamente, se mantienen diligentemente y se renegocian en todos los niveles de crecimiento. Estas relaciones duraderas, a su vez, enriquecen las vidas del pueblo de Dios cuando les golpean las vicisitudes de la enfermedad, frustración, guerras, abandono personal, ancianidad que se acerca y la muerte. Estas relaciones con acuerdos establecidos, trascienden los límites geográficos de la vida, el traslado rápido de personas de un lugar a otro, y el cambio de ubicación en cuanto al trabajo o familia.

Cuando las personas histriónicas de cualquier edad se enfrentan a la importancia de la lealtad personal, por lo menos se sienten desafiadas a abrir las puertas hacia una nueva vida de profundidad en lugar de superficialidad, y de durabilidad en lugar de transitoriedad. Esto comienza con nuestra propia relación personal con ellas: ¿Seremos simplemente una persona más que se deja seducir por sus lisonjas, sólo para ser abandonados después? ¿Seremos simplemente una persona más que va a permitir que el aburrimiento constante de ellas siga sin ser desafiado ni confrontado? ¿Seremos simplemente una persona más que permitirá que ellas nos usen, mientras nosotros a su vez las usamos a ellas para nuestro propio beneficio? ¿Será nuestra meta una relación duradera y firme de fidelidad? ¿O les permitiremos que se vayan con la amenaza de haber estado simplemente en nuestra compañía, sin haber hecho nada para cambiar sus estilos, como Juan Bunyan lo señala tan bien? Una de las pruebas más importantes del carácter y la madurez es la capacidad de la persona para formar y mantener relaciones *duraderas*.

3

LA MASCARA DE LA
CONFIANZA EN SI MISMO

La gente con estilos de vida dependientes e histriónicos, deriva su fuerza y dirección de otras personas hasta el punto de no desarrollar una autonomía y dirección personales. La persona absorbida en sí misma desea poco o nada de los demás, excepto aquello que gratifica su apetito de adulación y lo que confirma su superioridad. Esos individuos viven una vida de admiración a sí mismos y de autosuficiencia. Desprecian la debilidad y la dependencia. Derivan su sentido de seguridad y satisfacción del hecho de estar por encima de las masas, de ser superiores y desdeñar a los demás —ser más fuertes, más brillantes, más hermosos, más ricos, menos falibles y, por supuesto, más importantes que los demás. Esta valoración de sí mismos es una presuposición ingenua y falta de criterio pero tenaz, del estilo de vida absorbido en sí mismo y narcisista.

En la teología cristiana este es —con más frecuencia que la concupiscencia sexual— el elemento que compone el pecado original. La elevación de uno mismo es, como afirma Milton, la primera desobediencia a Dios de la humanidad. En los catálogos de pecados mortales, el orgullo es el pecado padre. Seremos como Dios, totalmente autosuficientes, y sin necesitar nada de nadie. (La imagen de Dios en esta fantasía es la de completa "aseidad", es decir, una autosuficiencia total. Esto se aleja mucho del concepto judío del Siervo sufriente o de la creencia cristiana en el carácter sacrificial de Cristo. Dios en Cristo participa totalmente en nuestro sufrimiento. Al mismo tiempo, la gracia de Dios en Cristo es suficiente para liberarnos de las ataduras de nuestra autoabsorción.) El hilo oculto del narcisismo corre a través de todas nuestras naturalezas. En el estilo de vida absorbido en sí mismo o narcisista, sin embargo, no es sólo un hilo; es el patrón que controla y motiva las suposiciones de la persona en cuanto a sí misma en relación con Dios y con los demás. Como dice Millon "los narcisistas no necesitan depender de nadie para su gratificación; siempre se tienen a sí mismos para 'mantenerse abrazados'" (Millon 1981:169).

Algunas señales del estilo de vida absorbido en sí mismo

El término "narcisismo" usado por los psicólogos y psiquiatras tiene su historia en la mitología griega. Narciso era un joven extremadamente hermoso. Una joven llamada Eco se enamoró desesperadamente de él, pero él se mantenía alejado de ella en una fría indiferencia. Poco después, ella se consumió y murió debido a la indiferencia de él.

Este no es el final de la historia. Némesis, la diosa de la justicia retributiva —la que paga en devolución por todo el mal que uno ha hecho— castigó la indiferencia de Narciso hacia Eco haciéndole enamorarse de su propia imagen cuando se vio reflejado en una fuente. Ella hizo que Narciso languideciera y se consumiera de deseo por su propia imagen. Luego fue transformado en una flor que lleva su nombre.

Esta autoabsorción es normal en un recién nacido, cuyo primer encuentro con una "necesidad" es por aire, calor y alimento. Como un médico describió a su propio hijo recién nacido: "¡El es un apetito atroz por un extremo y un total sentido de irresponsabilidad por el otro!" Aun en los "años mágicos" de la primera infancia, el niño vive como lo hizo Alicia en el País de las Maravillas, "en un mundo propio". Un sentido infantil de omnipotencia y falta de límites domina la imaginación. Las vilezas y asperezas de la vida en el mundo con los padres, hermanos, hermanas y amiguitos sacuden y frustran estas ilusiones.

Cuando la persona lleva esas suposiciones autoabsorbidas a través de la infancia y la juventud hasta la vida adulta, la conducta que generan ya no es "linda", "bonita" o "dulce". Puede seguirles pareciendo así a los padres chochos que continúan alentándola, pero no lo es para el resto del mundo. ¿Cuáles son algunas de las formas que toma este comportamiento? Una breve interpretación de los criterios para el diagnóstico de los trastornos de la personalidad narcisista nos revelará un perfil descriptivo.

Una autoimagen inflada

Las personas autoabsorbidas son los maestros de la exageración de sus propios logros. Con mucha arrogancia sobreestiman sus talentos y muestran pretenciosamente una confianza descarada en sí mismos. Son latosos y no permiten que se hable de otra cosa que no sea su propio valor. Si en realidad *son* personas de muy buena apariencia, o de gran inteligencia, o que han llegado lejos en algún oficio, arte o profesión, entonces tienden a convencer a otros de esa realidad, que parece plausible. Sin embargo, *su capacidad de autoevaluarse y autocriticarse está ausente* en todos los casos. En consecuencia, el líder autoabsorbido en la iglesia, en la política, en medicina o en asuntos internacionales probablemente proyectará su narcisismo hacia una gran pantalla de adulación pública.

Falta de empatía por y explotación de los demás

Las personas autoabsorbidas usan a los demás para que les concedan sus deseos. Ellas viven vidas en las que asumen estar grandemente "habilitadas", creyendo que lo que los demás hacen por ellas es lo que se merecen y a lo que ellas tienen el derecho de esperar. Esperar que tales personas muestren una gratitud genuina, o que nos devuelvan algún favor, es como esperar que una persona sin brazos nos dé la mano. Los acuerdos recíprocos, los contratos sociales genuinos de ayuda mutua, no pueden esperarse de esas personas. No consideran la integridad personal y los derechos de los demás pero, al mismo tiempo, esperan, asumen o demandan que les hagan favores.

La "orientación explotadora" es el nombre gráfico que Erich Fromm da a la persona autoabsorbida. Esta persona "no espera recibir cosas de los demás como un regalo, sino que les arranca las cosas por la fuerza o la astucia" (Fromm 1947:64). Las personas autoabsorbidas tienden a disfrutar sólo de aquellas características de los "contactos" con los demás que han sacado de otros. El dañino déficit espiritual se ve en su falta de reconocer la gracia y en su incapacidad para estar agradecidas.

La capacidad de 'empatizar', de ponerse en lugar de otra persona y experimentar como principales las necesidades de la otra persona, no existe en la personalidad narcisista. En la esfera religiosa de comportamiento, Dios no está exceptuado de ser explotado por la persona autoabsorbida. Como describe Browning a esas personas, ellas ven a Dios "como el proveedor para sus apetitos". Y como lo describe Agustín, "los hombres buenos usan el mundo para disfrutar de Dios, mientras que los hombres malos usan a Dios para disfrutar del mundo" (*De Doctrina Cristiana* 22.20). Estas personas buscan controlar a Dios. No se les ocurre ceder el control de su mundo a Dios. La religión es magia, y el narcisista es el mago.

Una imaginación grandiosa

Las personas autoabsorbidas están llenas de grandes ideas que abrigan en términos brillantes, pero no saben con exactitud cómo llevarlas a la práctica específica y concreta. Es más probable que estén preocupadas con las posibilidades ilimitadas de esa gran idea. Soren Kierkegaard describe a estas personas como estando "intoxicadas con posibilidades". Se puede agregar que al lado de esa intoxicación está su vulnerabilidad extrema cuando se enfrentan con la decisión de concretar o abandonar alguna de esas ideas extravagantes. En tales casos, van a aparentar que lo hacen, van a hacer promesas elaboradas que no cumplirán, y se encontrarán con la incomprensión de la gente "estúpida" o "inferior" que les impide lograr su tan anhelado sueño. El concepto de Kierkegaard otra vez es preciso cuando advierte el desaliento en que cae ese "soñador infinito" cuando lo vencen las demás necesidades de la vida. Sólo los chivos expiatorios pueden proteger del egoísmo a estos frágiles barquitos de papel.

Imperturbabilidad arrogante

A menos que se produzca un desenlace abrupto en la enorme autoconfianza de las personas autoabsorbidas, ellas aparentan una "frialdad" total ante los "pequeños" éxitos de quienes les rodean. Lo único que consigue esta actitud de indiferencia y de mantenerse alejados es aguijonear a sus amantes del sexo opuesto que se esforzarán más por impresionarles y conseguir que respondan con un compromiso más apasionado. Mientras tanto, la persona autoabsorbida estará calculando fríamente qué es lo que ese hombre o mujer "puede hacer por mí". En realidad, pueden darse varias de estas relaciones simultáneamente. No es por casualidad que se aplica el nombre de "Don Juan" al hombre con este estilo de vida. Cuando aparecen estas características de frialdad en las mujeres, no tenemos un apodo específico para denominarlas, salvo "La Belle Dame Sans Merci" ("La bella dama sin misericordia") de Alain Chartier y John Keats. Esta imperturbabilidad arrogante es un disfraz de salud mental con una máscara de serenidad. Debajo de esa fachada hay una profunda incapacidad para establecer relaciones valederas con otras personas.

Una conciencia social deficiente

Las personas autoabsorbidas dejan de lado las leyes corrientes de la interacción humana. Ellas son excepciones, y la gente que insiste en tratarlas como a cualquier otra persona no entiende o no aprecia quiénes son. DSM III dice que ellas "se ríen de los convencionalismos de la vida compartida y no consideran la integridad personal y los derechos de los demás". En sus cartas a los corintios y a los romanos, el apóstol Pablo escribió en contra de este modo de ser exento de las demandas éticas del evangelio. Algunas de estas personas se decían a sí mismas y también a los demás: "Todas las cosas me son lícitas" (1 Co. 6:12). Otros, considerando la liberación de la ley judía como el permiso para hacer lo que se les antojara, decían: "Perseveraremos en el pecado para que la gracia abunde" (ver Ro. 6:1, 2). A esto se le llamó "antinomianismo", o vivir sin normas, códigos u obligaciones éticas. El narcisista autoabsorbido vive *por encima* de la ley. La ley está por debajo de su posición en la vida. Sería mejor llamar a esas personas "supranominianas".

Si alguna persona acepta realísticamente las limitaciones de tiempo, las concesiones que hay que hacer para vivir en reciprocidad con otras personas, y obedece las reglas de consideración hacia el bienestar de los demás —esa persona estará en severo conflicto con el narcisista. Las alternativas para vivir de manera pacífica y sin confrontaciones son pocas: Ignorar a las personas autoabsorbidas, mantenerse alejado de hacer ningún acuerdo por contrato con ellas, o escuchar sin responder cuando se alaban y se felicitan a sí mismas. Algunas personas tienen un raro sentido del humor y pueden reaccionar con respuestas humorísticas que están al borde del sarcasmo. Generalmente, la persona autoabsorbida es tan seria en cuanto a sus fantasías expansivas que reacciona a ese humor con hostilidad y enojo. Si uno les revienta el globo seguramente les causará irritación, estarán con la cara larga y se sentirán molestas y vacías.

Expresiones religiosas del estilo de vida autoabsorbido

La cubierta o "cosmética" religiosa del estilo de vida narcisista generalmente consiste de capas brillantes pero espesas de una religiosidad que protesta demasiado.

"Dios está a mi disposición"

Un tipo de comportamiento religioso común en las personas narcisistas es pedir en oración que Dios haga exactamente lo que ellas piden sin considerar lo que Dios espera de ellas. Las explicaciones elaboradas de lo que Dios "hizo por mí" hacen que los realistas corrientes arruguen su frente, muevan su cabeza y suspiren preguntándose: "¿Por qué esta persona es tan especial para Dios?" Esto se convierte en explotación cuando tales personas comienzan a emitir demandas a su cónyuge, a su hermano en la congregación, o a su audiencia de la radio o televisión, que surgen de "conversaciones privadas" que han mantenido con Dios. Esta corrupción de las oraciones de petición o intercesión manipula y coerciona a otras personas, muchas de las cuales caen presas en la trampa de la religiosidad narcisista. El narcisista cree tan definidamente que "Dios está a mi disposición" que mucha gente se deja convencer por esa confianza en sí mismo tan colosal.

En la teología de la calle, es como Wordsworth decía: "El mundo se nos ha metido demasiado; tarde o temprano, desperdiciamos nuestros poderes en obtener y gastar." La oración se transforma fácilmente en "conseguir"; en cuestión de lo que Dios puede hacer "para mí". Se rechazan las otras dimensiones de la oración, tales como adoración, comunión, autoexamen, clarificación y colaboración mutua con Dios. La validez de la oración se pone a prueba en términos de poder convertir piedras en pan, ser todopoderosos y poder arrojarse desde lugares elevados sin lastimarse (Lc. 4:1-14). La excepción, tener derecho a un tratamiento preferencial de parte de Dios cuando se presenta una enfermedad, se convierte en la única base para la validez de la oración y para la aceptación de la realidad de Dios. En la oración del narcisista, a las personas buenas les pueden pasar cosas malas, pero nunca les puede pasar algo así a las personas perfectas como él. Los narcisistas tienen derecho a un tratamiento preferencial.

Pretensiones de infalibilidad de la personalidad autoritaria

Hay una conducta religiosa en el narcisista que es mucho más seria y más difícil de detectar. Es su pretensión de ser infalible en sus creencias religiosas particulares. La vasta diferencia cualitativa entre una claridad y profundidad de las convicciones religiosas, por un lado, y la pretensión arrogante de infalibilidad por el otro, se ve en las características de apertura, empatía, docilidad y humildad hacia las creencias de otras personas. Estas cualidades son extrañas a las personas narcisistas. En vez de eso, ellas cubren sus creencias con demandas vociferantes en cuanto a la infalibilidad de una iglesia particular, o libro, o teoría, o ritual, etc.

Este comportamiento no se limita a la gente religiosa, ni tampoco la gente religiosa es menos inmune a esto que las demás. Por ejemplo, los economistas se pueden transformar en sumos sacerdotes de una teoría económica particular que ellos sostienen como infalible. Los médicos pueden considerar como infalible cierta forma de tratamiento para un problema dado. Los empresarios pueden pretender que su corporación es infalible, señalando a su destino manifiesto. Los jefes de Estado autoritarios pueden proclamar la infalibilidad de su forma de gobierno particular.

El narcisismo de la persona autoritaria no se restringe, ni política ni religiosamente, a las cortinas de humo de 'slogans' tales como "liberales", "conservadores" o "fundamentalistas". El egoísmo de las personas autoabsorbidas puede hacerles cambiar de una a otra de esas categorías, a voluntad. Aparentemente hay, en el péndulo oscilante de la vida religiosa y política, un rumbo golpeante de autocorrección. La tesis de un autoritarismo narcisista choca contra la antítesis de otra clase de autoritarismo. Sin embargo, el componente del narcisista absorto en sí mismo infecta la nueva tesis que surge. El extremismo demanda el rechazo de la autocrítica, de la mente amplia para aprender de otros con un ángulo de visión diferente y de la empatía hacia el más débil, en el juego de poder para engrandecerse a sí mismo. Como dice Eric Hoffer (1951:51):

> El que es extremadamente egoísta. . . separa de su yo intelectual el excelente instrumento de su egoísmo y lo coloca al servicio de una causa santa. Y aunque adopten una fe de amor y humildad, ellos nunca serán amorosos ni humildes.

Cuando esto sucede, ocurre una leve transformación en la conducta religiosa. La idealización irrealista de Jesús, por ejemplo, se lleva hasta estar tan al borde de la lógica, que se lo considera y se lo retrata como una persona completamente diferente de los seres humanos sufrientes como nosotros, que tenemos que aprender lo que sabemos y ganar lo que comemos. Para ellos, Jesús estaba tan informado y sostenido por el control automático de Dios, como también lo estaban los que escribieron los eventos de su vida, que tanto él como ellos estuvieron exentos de las tensiones de aprender y ganarse el sustento como nosotros. Esta es una versión moderna del gnosticismo antiguo que enseñaba que, en realidad, Jesús sólo *parecía* ser humano, haber vivido una vida de sacrificio y muerto en la cruz.

Esta forma extraña y curiosa en que los religiosos autoabsorbidos hacen uso de las ideas gnósticas, les permite predicar, enseñar y exponer el brillante ideal de creer en el Cristo y en la infalibilidad de aquellos que escribieron su historia. Al mismo tiempo, ellos se consideran a sí mismos como exceptuados de las leyes de conducta que muestran cómo vivió Jesús, y de las enseñanzas que debemos seguir si queremos vivir de una manera efectiva para con Dios y nuestro prójimo.

Esta exención masiva alivia a las personalidades autoritarias y autoabsorbidas de la necesidad de ser consecuentes. Pueden hacer lo que quieren para lograr sus metas de autogratificación en el nombre de Cristo. Pueden explotar los medios financieros, o el sexo, o la posición social o cualquier otra cosa de otras personas, siempre que estas cosas satisfagan sus demandas infalibles. ¡Ahora la infalibilidad es *de ellas!*

La sabiduría de Gandhi, quien sostuvo que uno de nuestros mejores aliados es esa parte de nuestro enemigo que es *correcta,* señala el defecto fatal en la personalidad religiosa autoritaria. Sin la sabiduría que recibimos de la crítica, se nos niega el fruto tanto de escuchar como de ser escuchados por la gente que es diferente de nosotros. Como lo expresara Tennyson "nos encerramos dentro de nosotros mismos y permitimos que el diablo haga lo que quiera". Nosotros gastamos nuestra vida escuchando sólo lo que queremos oír.

En consecuencia, la persona religiosa narcisista que atrae a un grupo de seguidores, casi siempre cerrará la comunicación de ese grupo con los de afuera. Se considera que el de afuera, el que no es "de los nuestros", no es una persona por la que uno se debe interesar, ni se le debe considerar como un emisario o ángel enviado por Dios. Se tiene a un guardián secreto, o grupo de guardianes secretos para que espíe al extranjero y traiga información incriminatoria respecto a cómo esa persona es diferente de nosotros. En realidad, aun los mismos miembros del grupo deben ser examinados repetidamente en cuanto a su lealtad.

En este tipo de atmósfera religiosa narcisista, las personas de afuera o desleales llegan a ser cada vez más prescindibles. Entonces germinan las semillas de violencia en la familia, la iglesia, la denominación, el grupo político o la nación. Cualquier acto de represión, no sólo se considera correcto sino también aprobado por Dios.

Probablemente el caso más horrible del estilo de vida religiosa narcisista de la época reciente, sea el Templo del Pueblo en San Francisco, en los Estados Unidos, guiado por Jim Jones. La culminación de este reflejo de cultura narcisista en el suicidio masivo y asesinato de más de 900 personas, sacudió al mundo. Las oleadas de violencia y terrorismo que reverberan actualmente en el mundo, tienden a tener una profunda motivación religiosa. La gente mata para hacer un favor a Dios, y el suicidio llega a ser un camino de salvación.

La sabiduría bíblica y el estilo de vida autoabsorbido

Una de las vitaminas espirituales que faltan para el bienestar de individuos y grupos de la comunidad cristiana es la gran sabiduría que brota de la vida diaria. Esta caracteriza el testimonio de la presencia de Dios como una inteligencia y sabiduría infinitas en el Antiguo y Nuevo Testamentos. La mente humana es la "lámpara de Dios". La literatura de sabiduría de la Biblia, como Proverbios y Eclesiastés en el Antiguo Testamento y las parábolas de Jesús y las Epístolas de Pablo en el Nuevo, tiende a acentuar la diferencia entre la persona necia y la sabia. El mal uso y el abuso de los dones de inteligencia con los que Dios nos hizo es una preocupación de esos tratados de sabiduría, y ellos iluminan nuestra comprensión de esos trastornos de la personalidad. Esto crea un diálogo entre la religión y la información psiquiátrica con respecto al carácter y estilo de vida de la gente, tal como se ve en cada enfermedad en la que cae presa.

El apóstol Pablo identifica claramente los problemas del estilo de vida narcisista o autoabsorbido. El admite su propia falibilidad al decir que él conoce "en parte" (1 Co. 13:12). El distingue entre su propia opinión y el "mandamiento del Señor" (1 Co. 7:25). El hace valer sus credenciales como judío, diciendo que tiene razones para confiar en sí mismo, pero que lo considera como pérdida, admitiendo haber sufrido la pérdida de todo esto y contándolo como basura, para ganar a Cristo (Fil. 3: 4 sigs.). Al hablar de su "aguijón en la carne", Pablo describe la presencia de esto en su vida como un freno contra su autoelevación o "exaltación" con las cuales, según él, no se gana nada. El se abstuvo de esto "para que nadie piense de mí más de lo que en mí ve, u oye de mí". El aguijón en la carne le impidió estar demasiado complacido de sí mismo o ser arrogante (2 Co. 12:1-10).

En su sabiduría en cuanto al valor de cada persona, Pablo dice: "Porque el que se cree ser algo, no siendo nada, a sí mismo se engaña. Así que cada uno someta a prueba su propia obra, y entonces tendrá motivo para gloriarse sólo respecto de sí mismo, y no en otro" (Gá. 6:3, 4). Pablo es más preciso en su afirmación en cuanto a la autoabsorción cuando dice: "Pero ellos, midiéndose a sí mismos por sí mismos, y comparándose consigo mismos, no son juiciosos" (2 Co. 10:12).

Cuando miramos a las tentaciones de Jesús en el desierto, vemos la disciplina masiva de toda su persona frente a la presión de la apelación del tentador a sus posibilidades humanas egoístas. En su percepción profunda de las posibilidades de oración del autocentrado, Jesús cuenta la parábola de la oración del fariseo y el publicano. "El fariseo, puesto en pie, oraba consigo mismo de esta manera: Dios, te doy gracias porque no soy como los otros hombres, ladrones, injustos, adúlteros, ni aun como este publicano; ayuno dos veces a la semana, doy diezmos de todo lo que gano" (Lc. 18:11, 12).

El libro de Proverbios dice: "Más vale el despreciado que tiene servidores, que el que se jacta, y carece de pan. El justo cuida de la vida de su bestia; mas el corazón de los impíos es cruel" (12:9, 10).

El espíritu competitivo corre desbocado en la denigración que la persona autoabsorbida hace de su vecino. En las palabras del psicoanalista contemporáneo Harry Stack Sullivan, "esta empresa de denigración es como el polvo en las calles —se mete en todos lados. . . Dado que cada uno tiene que proteger su sentido de valor personal advirtiendo lo poco valiosos que son los que les rodean, uno no tiene ninguna información de evidencia convincente en cuanto a su propio valor personal; por lo tanto, gradualmente evoluciona hacia "no soy tan malo como otros cerdos" (Sullivan 1953:242).

Pero la sabiduría del apóstol Pablo ofrece el antídoto contra la autoabsorción y la denigración, en una descripción de la expresión de competencia productiva y creativa: "El amor sea sin fingimiento. . . amaos los unos a los otros con amor fraternal; en cuanto a honra, prefiriéndoos los unos a los otros" (Ro. 12:9, 10).

La experimentación de empatía por la persona autoabsorbida

Todo el ejercicio de desarrollar un perfil de conducta o una descripción de la persona autoabsorbida narcisista, puede llevarnos, a usted y a mí, a despreciar a estas personas y a agradecer a Dios que no somos como ellas. Si sus emociones han surgido, como lo han hecho las mías, puede ser que a veces sienta que se está mirando a usted mismo en un espejo. Estas personas le prueban a uno la paciencia y rápidamente queman los fusibles de los psiquiatras, obreros sociales, psicólogos y consejeros pastorales. La razón para esto es que ellas se resisten a la terapia que busca liberarlas desde su interior. La medicación psiquiátrica sólo es útil y aplicable temporariamente. No es posible imaginar a una persona narcisista que venga a quejarse por su autoabsorción. ¡Este tipo de carácter debe ser tratado! Sin embargo, los profesionales que tienen una responsabilidad clínica hacia ellas —como maestros, pastores de iglesias y profesores— mantienen una interacción natural y prolongada con ellas en sus contextos. ¿Cómo podemos *nosotros* superar honorablemente a estas personas?

Su legado espiritual

Una manera es disponernos a aprender su legado espiritual. ¿Cómo entraron en esto?

Una de las muchas raíces del legado espiritual de las personas autoabsorbidas es el sentimiento que tienen desde muy temprano en la vida, de que las personas encargadas de cuidarlas no eran confiables. Cuando eran pequeñas, el mensaje verbal o no verbal que recibieron fue: "¡Si tú quieres que te cuiden, tendrás que hacerlo tú mismo!" Se dieron cuenta de que las personas encargadas de cuidarlas no hacían nada por ellas con voluntad y amor. Se convirtieron en sobrevivientes, y lograron sobrevivir forzando o manipulando a otros para que les hicieran lo que necesitaban o querían. Estas habilidades llegaron a ser parte de sí mismas, como las reacciones reflejas de las rodillas. Al ser adultas, la manipulación dejó de ser el método de sobrevivir, y pasó a ser una manipulación "inteligente". Su arrogancia quedó muy afilada durante los últimos años de su adolescencia.

Estas personas buscan muy pocas veces la ayuda pastoral o el tratamiento psiquiátrico, excepto cuando están en una crisis seria de pérdida de trabajo, o muerte, o separación matrimonial. Es de destacar que estos sufrimientos son los momentos aptos para enseñar, cuando la iglesia y su ministerio toman apropiadamente la iniciativa. Sin embargo, estas personas se dan tales aires de autosuficiencia que no se hace uso de los ministerios habituales porque "ellas pueden cuidarse solas". En otras palabras, nosotros continuamos en la misma tónica que ellas escucharon en el legado espiritual de su infancia. Además, entre una y otra crisis, las personas narcisistas pueden haber ofendido a tantos de la familia de la fe y de sus compañeros de trabajo, que ahora esa hostilidad les hace reaccionar, pensando: "¡Que se cocinen en su propia salsa, por un rato! ¡Eso les hará bien!" Con esto continuamos con los antiguos mensajes.

Un acercamiento mucho más compasivo y enfático es no permitir que esas personas les vendan su maravillosa imagen de autosuficiencia. Es mejor tratar sus reclamos como lo haríamos con cualquier otro. Podemos atraparlas por sorpresa si miramos "más allá" de su arrogancia para encontrar a una persona que está tratando de conseguir de nosotros lo que ya advirtió que no estamos dispuestos a hacer. La mejor manera de hacer que estos manipuladores pierdan el equilibrio, es superarlos con el mismo tipo de honor que quisiéramos recibir nosotros. Esto puede que no cambie su estilo de vida básico, pero los saca de operación en lo que a nosotros respecta.

Otra posible raíz en la herencia espiritual de estas personas no es el rechazo, el abandono o la desilusión, aunque podría ser una forma "dulcificada" de esto. Esa raíz es la sobrevaloración o indulgencia de parte de los padres. Sigmund Freud describe esto con mucho detalle (1914:48):

(Los padres) tienen el impulso de adjudicar al hijo toda clase de perfecciones, las que la observación sobria no confirma, y a pasar por alto y olvidar sus fracasos. . . Además, se inclinan a suspender a favor del niño todos los requisitos culturales que su propio narcisismo se vio forzado a renovar y respetar, y a renovar en su persona las demandas de los privilegios que hace tiempo dejaron de buscar para sí mismos. (El niño) tiene que ser, en realidad, el centro y el corazón de la creación.

Lo que este tipo de "muñeca de papá" o "nene de mamá" logra, es dejar a los niños sin la brújula interna que les guía con evaluaciones realistas en su interacción con otras personas. Al ponerlos en un pedestal, se los está entrenando para ser pequeños dioses o diosas sin ningún defecto. Ellos ingresan al mundo fuera del hogar, con un sentido de tener derecho, y no están preparados para las frustraciones normales que el mundo les va a presentar.

Como pastores y maestros de varios niveles, nosotros nos encontramos con esas personas "excepcionales". Puede ser que realmente tengan una inteligencia superior o que "hayan nacido en cuna de oro". Podemos ceder a continuar sobrevalorándolos en respuesta a sus manipulaciones seductoras en busca de ser eximidos de las demandas ordinarias de productividad académica. Al tratarlos con respeto, de la misma manera que tratamos a los demás, desafiamos su herencia espiritual. El relacionarlos en grupos pequeños de estudiantes, donde la interacción entre el grupo provee una evaluación franca y considerada de cada uno, brinda un acceso a las personas autoabsorbidas que difícilmente ocurra en el ambiente psiquiátrico. Cuando estas personas deciden buscar ayuda terapéutica es porque están con un problema muy serio o enfrentan una gran pérdida.

En estas interacciones de grupo, William Reid (1983:190-191) dice que las metas son ayudar a la persona para que desarrolle una individualidad saludable que no requiera tanto "narcisismo elástico". Un grupo va a desafiar con naturalidad a los mecanismos de autodefensa de las personas narcisistas. Esto les sorprenderá y les dolerá, pero el líder del grupo puede introducirse en su mundo con empatía y afirmar así sus derechos a sentir de esa manera. La terapia centrada en el cliente de Carl Rogers provee un modelo útil para enseñar a esas personas en un grupo pequeño. El sugiere un tipo de líder que sea facilitador, que pueda ser beneficioso para los miembros narcisistas del grupo. Es bueno mostrar una actitud de perplejidad que anime a la persona a definir más sus afirmaciones globales. Vi a una maestra ayudar a una persona así que se unió a la clase a mitad del año al ser transferida de otra escuela. Después de la clase, la maestra habló en privado con el alumno y le afirmó el punto más fuerte en lo que el estudiante tenía para decir. Luego, casi como algo que se le ocurrió después, ella agregó: "Vas a necesitar acostumbrarte al grupo, y eso va a llevar algo de tiempo, ya que eres nuevo. Acuérdate que yo estaré aquí. Puedes contar conmigo para cuando me necesites." Ella comprendió que el estudiante estaba temblando por dentro, detrás de su máscara de engreimiento.

Alguien ha dicho que es más fácil para un buen maestro, pastor o consejero, domar un caballo salvaje que resucitar un caballo muerto. Los narcisistas son manojos de creatividad que necesitan ser domados. Ellos son un desafío, pero hay que reconocer que ellos dicen francamente aquello sobre sí mismos que los demás arrastran como un secreto. Podemos agradecer a Dios por esa ingenuidad y candidez en ellos. Este es un material raro en el espíritu humano, pero necesita ser trabajado y refinado por algún tiempo mediante enfrentamientos amables. Si nosotros no los desechamos o los abandonamos, ellos pueden aprender (1) que pueden contar con nosotros en las buenas y en las malas, (2) que si alguien va a romper la relación entre nosotros, tendrán que ser ellos.

4

LA MASCARA DE LA HOSTILIDAD Y AGRESION

La cultura en la que nos hemos formado y ahora vivimos tiene un grupo de expectativas y demandas —no escritas pero muy poderosas— para algunas dimensiones de cada uno de los trastornos de la personalidad que hemos discutido hasta ahora. El estilo de vida antisocial, agresivo y hostil parece ser el que tiene más demanda. Tenemos estallidos de histeria popular por los héroes, y hay una adoración a los ídolos del cine y la televisión cada vez más difundida. Si uno se parara y desafiara esta adoración a los ídolos estaría invitando a un ataque violento de las masas de fanáticos. La celebración reciente del cumpleaños de Elvis Presley es un ejemplo de esto. Rambo, ese personaje cinematográfico de Sylvester Stallone, superpatriota y agresivo, glorifica muchas de las características del estilo de vida hostil-agresivo que vamos a discutir. Otro ejemplo es el síndrome John Wayne del antiguo oeste. Muchos de estos modelos hostil-agresivos son generados por los medios de comunicación. Tan pronto como ese héroe deja de ser taquillero, o decide ganarse la vida de otra manera, o se muere por accidente, sobredosis de drogas o ancianidad, viene otro u otra que toma su lugar.

La investigación y las reflexiones de los psiquiatras en cuanto al estilo de vida del hostil-agresivo, muestran también la influencia de esta galería de personas hostil-agresivas. Theodore Millon muestra su desacuerdo muy directamente cuando se refiere al "rótulo" DSM de "antisocial", porque "pone mucho énfasis en las consecuencias sociales negativas como la delincuencia, el crimen y otras", que se encuentran a menudo en las personas hiper-agresivas. El considera que la descripción que DSM hace de este trastorno es regresiva en la medida en que sólo se hacen cambios menores con respecto a los "rótulos" más antiguos, que se referían a estas personas como sufriendo de "inferioridad psicópata constitucional", "insanía moral", "insanía criminal", "desviación psicópata", etc. (Millon 1981:181). Sin embargo, los elementos criminales de esta gente son los que —a menudo esposados y con grillos— son llevados a la atención del psiquiatra. La interpretación psiquiátrica y la teoría tienden a construirse en base a la población con la que tienen contacto los psiquiatras clínicamente.

No obstante, estoy totalmente de acuerdo con la reacción de Millon. Espero que en la revisión que se está efectuando actualmente del DSM III, su importante observación tenga un efecto concreto. Millon (1981: 182) clarifica aún más su objeción:

Sólo una porción menor del patrón de la personalidad agresiva entra en conflicto con la ley. Muchos se encuentran afirmados y fortalecidos en nuestra sociedad competitiva donde el "realismo" duro y crudo se admira como un atributo necesario para sobrevivir. La mayoría encuentran un nicho socialmente valioso en el lado rudo del mundo empresarial, militar, político (y yo añadiría eclesiástico). Sus conductas se consideran un "patriotismo" arrogante de nacionalistas cuya truculencia se justifica por la hostilidad de los grupos "extraños". Tal conducta se hace evidente también en las maquinaciones de políticos cuya fachada de buenas intenciones cubre una codicia de poder que lleva a la legislación represiva. De una manera menos dramática, y más frecuente, estos individuos participan de los asuntos ordinarios de la vida diaria: El padre estricto y punitivo, el ministro puritano que provoca temor, el decano vengador, la madre irritable que produce culpa.

Yo puedo agregar que, en lo que Arnold S. Relman, editor del *New England Journal of Medicine* (Revista de Medicina de Nueva Inglaterra), llama el reciente "complejo médico-industrial" (1980: 963), las personalidades hostil-agresivas tienen nuevas fronteras del "lejano oeste" para ser una ley para sí mismas. El complejo médico-industrial al que se refiere Relman son los grandes conglomerados de hospitales, proveedores de hospitales y seguros hospitalarios que están comprando agresivamente las prácticas de los doctores, o están devorando a los competidores, o dominando el mercado oponiéndose a los médicos independientes o a los hospitales de beneficencia. El dice —y yo lo he observado— que estos gigantes corporados eligen la "crema" entre los pacientes disponibles. Ellos admiten a los pacientes de rutina y aquellos que son fáciles de cuidar en poco tiempo, y *no* a los pacientes difíciles de tratar con una prognosis pobre. Los individuos con pocos recursos financieros, como los niños, los ancianos o los pacientes psiquiátricos, no son admitidos. Ellos se dejan para las organizaciones médicas filantrópicas o sostenidas por el gobierno.

Nosotros, los habitantes de la vida de las iglesias, entonces, somos una parte de esta tierra que engendra, emplea y aplaude a *algunos* de los trastornos de personalidad "antisocial" u "hostilagresiva" a los cuales damos nuestra completa atención.

Algunos rasgos principales del estilo de vida hostilagresivo

Una iniciativa decisiva e impulsiva

Las personas hostil-agresivas no le temen a nada y se sumergen decisivamente en actividades que las personas reservadas y observadoras clasificarían correctamente como peligrosas. Las consecuencias punitivas de sus acciones no les detienen de emprender nuevas arremetidas. Son como guerreros en sus intentos de solucionar casi cualquier problema. Son como Santiago y Juan, aquellos discípulos de Jesús a quienes él llamó Boanerges, "hijos de trueno". ¡Su respuesta a los samaritanos no hospitalarios fue pedir permiso para hacer descender fuego del cielo y destruirlos! (Ver Mr. 3:17 y Lc. 9:51-56). Una clave para tratar con estas personas es tener la valentía que Jesús demostró para pedir explicaciones, reprender a Jacobo y Juan sin demora e inmediatamente brindar una respuesta más sensible. El no se equivocó con ellos, ni tembló ante su enojo ni discutió indeciso. Jesús y sus discípulos se fueron a otro pueblo más hospitalario.

Una autoimagen demasiado confiada e inapropiadamente enérgica

Las personas hostil-agresivas dan mucho valor a ser rudas, de piel curtida y poderosas. Ellas se ven a sí mismas como confiadas, enérgicas y tozudas. La intimidación es la primera herramienta que eligen para las relaciones humanas. Se especializan en hacer que los demás les teman. Es fácil identificarlas como el tipo de hombre "macho" y la mujer fuerte. En la actual lucha importante de las mujeres por llegar a ser más seguras en sí mismas y menos sumisas, este estilo de vida rudo, arrogante y resentido se presenta como otra alternativa inadaptada para ellas. La firmeza no necesita ser una alternativa inadaptada para las mujeres, ni las mujeres están sin alternativas mejores que esas conductas indeseables de los hombres. Sin embargo, esto quiere decir que así como el estilo de vida histriónico no está restringido a las mujeres, tampoco el estilo de vida hostil-agresivo está restringido a los hombres.

Una actitud combativa y beligerante

DSM III coloca un gran énfasis sobre el comportamiento inquieto y peleador de la persona antisocial u hostil-agresiva. La información sociológica en cuanto a la clase social de la persona, modifica esto. El combativo y beligerante hace uso de las herramientas que tiene disponibles. La gente que vive y trabaja en un ambiente rudo o juega al "rugby" o al "hockey" como su medio de vida, puede usar puños y armas. La gente que vive y trabaja en un ambiente académico o en el de un hospital, usa el proceso burocrático de comisiones, juntas y cosas semejantes para expresar su combatividad y beligerancia. La gente criada en la calle o que vive allí puede usar el vandalismo, el robo y las drogas como herramientas de combatividad y beligerancia. La gente que va a la iglesia y tiene posiciones de liderazgo en jerarquías congregacionales y denominacionales, puede usar sus poderes de debate, exclusión e inclusión, y rótulos teológicos para expresar su beligerancia y combatividad. A todos ellos les gusta pelear. Si no hay una pelea en ese momento, ¡empezarán una! Muchas iglesias tienen por lo menos una persona así.

En el hogar el abuso verbal y físico irrumpe cuando se desafía en algo muy pequeño la poca tolerancia a las frustraciones que tiene la persona hostil-agresiva. Los niños, en particular, viven con temor hacia esas personas ya sean su padre, su madre o ambos.

Venganza interpersonal

Las personalidades hostil-agresivas no son propensas a "sentirse heridas" y ponerse a llorar. Son más dadas a la venganza. Como algunos de ellos dicen: "Yo no me enojo, yo me vengo." En sus formas más refinadas, este estilo vengativo se presenta bajo una máscara social. Pueden mostrarse como suaves, sinceros y "adultos". A ellos no les molesta el sentido de culpa, sino que se sienten felices de hacer que alguno pague por aquello que a ellos les disgusta. Pueden tener en secreto una "lista de enemigos". Con una alegría y viveza considerables tienden una trampa para la persona con la que quieren arreglar cuentas. Como dice el salmista,

> Los que buscan mi vida arman lazos, y los que procuran mi mal hablan iniquidades, y meditan fraudes todo el día (Sal. 38:12).

Esta dimensión del estilo de vida hostil-agresivo está representada en forma permanente en el personaje de televisión de J. R. Ewing, de la serie *Dallas*. ¡La gente *disfruta* odiándolo! La sabiduría secular de los políticos profesionales no es un código suficiente para la falta de visión de la persona hostil agresiva. Es una ley no escrita de los gobernantes efectivos que la magnanimidad o la grandeza de corazón hacia su oponente es la manera más efectiva de acaparar votos de la gente razonable.

El elemento importante que falta en el estilo de vida hostil-agresivo, sin embargo, es que tal magnanimidad necesita previsión. Estas personas no la tienen. Son "codiciosas a corto plazo", con muy poca tolerancia si no consiguen lo que quieren inmediatamente. Como lo señala Proverbios 12:11: "El que labra su tierra se saciará de pan; mas el que sigue a los vagabundos es falto de entendimiento". "Falto de entendimiento" aquí no significa *falta* de inteligencia, sino el rechazo a *usar* la inteligencia que Dios le ha dado.

Un concepto cínico de los demás

El salmista reconoció: "Y dije en mi apresuramiento: todo hombre es mentiroso" (Sal. 116:11). O "Desesperado, afirmé que todo hombre es mentiroso" (*Dios Habla Hoy*). De cualquier manera que usted lo traduzca, este es el tema de la persona hostil-agresiva. DSM III dice que esa persona "sostiene que la mayoría de la gente está desviada y merece castigo" y "justifica sus propias actitudes desconfiadas, hostiles y vengativas, adjudicándolas a otros". No se puede confiar en los demás hasta que no hayan demostrado ser leales. La confianza básica que, según Erikson, es el fundamento de la madurez emocional, da lugar a una justificación autosuficiente de crueldad en la personalidad antisocial.

Crueldad amoral para conseguir poder

La ausencia de un código moral en estas personalidades ha hecho que muchos observadores piensen de ellos como "enfermos morales". Pero este es un uso metafórico de la palabra "enfermedad" que puede engañarnos. Desde el punto de vista de la literatura de sabiduría judía y cristiana, esto no es tanto una enfermedad como un mal uso libertino de la inteligencia. Es una estupidez "inteligente" en la que la persona dice una mentira cuando hubiera sido mejor decir la verdad. Es vender el alma por un un plato de lentejas. Para poder conseguir la satisfacción de un deseo fugaz, las personas hostil-agresivas comprometen inversiones prolongadas de vida y recursos, en busca del éxito fácil y la demostración de su poder personal. Quieren todo el poder y la gloria de todos los reinos del mundo "en un momento" (ver Lc. 4:5, 6). Como lo expresó una poderosa figura eclesiástica: "Yo conozco como a mi propia mano a toda la gente que trabaja para mí. Sé exactamente cuánto poder tiene cada uno de ellos y, ¡lo que se necesita para sacarles ese poder!" ¡La ironía es que él mismo no pagaba ninguno de sus sueldos! El dinero provenía de las ofrendas voluntarias de donantes cristianos. Estructuralmente, la gente no trabajaba *para* él, sino *con* él. ¡Parecía que él era el único que no lo sabía!

He dicho que esta gente es amoral. Esto es así en el sentido de que no están en operación los principales ingredientes de un acuerdo o contrato social mutuo entre ellos y aquellos con los que se relacionan. Son insensibles a esto. Como afirmó Juan Jacobo Rousseau en cuanto al contrato social: "El problema es encontrar una forma de asociación que proteja y defienda con fuerza común la persona y los bienes de cada asociado, y en el cual cada uno, al mismo tiempo que se une al todo, puede seguir obedeciendo sólo a sí mismo y permanecer libre como antes." El término "antisocial" es un retrato adecuado de personas para las cuales tal contrato social es nulo y sin valor. Ellas viven para el poder personal y el control sobre todo el escenario social que observan.

La manipulación y la coerción se transforman en las herramientas de conquista para las personas antisociales. Si el actuar de una manera amable, alegre y encantadora les llevará a dominar y sojuzgar, eso es lo que van a hacer. Si ese comportamiento fracasa, entonces la frustración de su ansia de poder se convierte fácilmente en ataques furiosos y vengativos. La gente y las instituciones que les rodean llegan a ser herramientas para conseguir poder. La religión y sus piedades quedan subordinadas a las necesidades férreas de su deseo personal de control. Aquí los estilos de vida del antisocial y del narcisista se confunden uno con el otro y es muy difícil distinguirlos.

Conciencia de posición social

Pocas veces se menciona en la literatura psiquiátrica una dimensión importante de las personalidades hostil-agresivas. Ni el DSM III ni Millon prestan atención a su conciencia de posición social. Ellos se consideran como existiendo en las dimensiones de prestigio de la vida humana que estratifica su mundo, separándolo en diferentes niveles o grados de clase, posición social y poder. La comunidad religiosa no es una excepción, sino que es un ejemplo de tales niveles de posición social de los buscadores de prestigio. El sueño de una sociedad sin clases se evapora en el calor de la acumulación de poder. Las personas antisociales pueden ser cínicamente zalameras, cooperativas y aparentemente desinteresadas, para ascender los escalones de la estructura de poder. Sin embargo, como lo expresa un psicólogo, ellas siempre van a "besar a los que están arriba y patear a los que están más abajo de ellas". Cuando han llegado al pináculo de su templo particular, sienten que están en el mundo para ser servidas por todos los que están debajo de ellas. Gastan su tiempo, sus energías y su atención en adornar su propio nido y mantener su posición de poder.

Para poder *mantenerse* en la cima y en el poder, se rodean de una guardia palaciega que les proteja y les informe en cuanto a las personas en quienes no confían, o las que son hostiles, o aquellos a quienes deben castigar o a quienes deben visitar para vengarse. La tragedia de sus vidas es que, como dijera un ex rector universitario a un grupo del cual yo formaba parte, "los miembros de su propia guardia del palacio son quienes terminan destruyéndole, como sucedió con Julio César".

En la persona de Jesucristo, nosotros sabemos que hay otras expresiones constructivas de poder e influencia. La forma hostil-agresiva resulta ser una expresión inadaptada de las personalidades antisociales y hostil-agresivas. Su liderazgo es una máscara que oculta una guerra tanto contra la sociedad como contra la salud mental.

Bases de empatía para la personalidad hostil-agresiva

La historia de la vida de una persona brinda algo de comprensión en cuanto al mundo interior de la personalidad antisocial. La primera impresión, y la más prevaleciente, que uno tiene es que esa persona ha sufrido el rechazo de sus padres, descontento y hostilidad. Esto también se puede haber complicado con maestros que actuaron de manera similar. Ese rechazo puede haber provenido de varias fuentes, de las cuales el niño no tiene conciencia: Un embarazo no deseado, dificultades laborales y financieras serias, ira hacia el cónyuge. Esa conducta de pisotear y no considerar al niño, no sólo es un rechazo sino un ejemplo —uno de los pocos que tiene el niño— a seguir. Aun el niño recién nacido, rodeado de una atmósfera de hostilidad y agresión constantes, llega a sentir que el mundo es un lugar no amistoso y lleno de amenazas. La cautela y la desconfianza llegan a ser parte de sí mismo. La base inicial de estas personas no es la ira o la hostilidad sino ese temor sin nombre que produce terror e impresión.

Tal rechazo, hostilidad y descontento hacia el niño puede infiltrarse en toda una familia que vive en un ambiente de "mentalidad de asedio". Ejemplo de esto son los miembros de minorías odiadas, despreciadas y abusadas, como los judíos, los negros, etc. Los primeros años de Sigmund Freud fueron así, cuando a su padre lo empujaban de la vereda a la zanja y cuando a él le negaban los medios para su educación por ser judío. Sus sueños en su vida adulta reflejan su ira contra el papa y los otros cristianos que aplicaron ese tratamiento. Robert Coles cita a un niño negro de diez años:

> Mantente temeroso del hombre blanco,
> mi mamá nos dice a todos nosotros
> siempre, hasta que
> lo sabemos por nosotros mismos.
> Ten miedo, asústate de ser curioso,
> si tú quieres saber demasiado de ellos
> vas a ir demasiado lejos,
> te vas a pasar de la raya.
> Aprende a tener miedo.

Otra de estas "mentalidades de asedio" es la de las poblaciones desposeídas y dominadas por la pobreza. Familias enteras de cosechadores, mineros con trabajos temporarios y obreros en moliendas viven en un mundo que, para repetir la descripción de DSM III de la personalidad antisocial, ellos consideran "descarriado, controlante y punitivo". Ninguna consideración de la educación de estas personas puede eliminar esas fuentes sociales de furia. Sin embargo, aquí surge el asunto enigmático en cuanto a cuáles son los factores que, bajo las mismas condiciones, hacen que algunas personas tengan un agudo sentido de injusticia personal y social, mientras que otras resulten amorales e insensibles como las personas hostil-agresivas y antisociales. Mi propia hipótesis es que en sus primeros años de vida, algún abuelo, un hermano mayor, un vecino, un maestro o un pastor le brindaron un amor incondicional, un sentido de humor equilibrado y la posibilidad de aprender a ese individuo que resultó diferente. También estoy convencido de que la personalidad nunca está completamente "hecha". Las personas en su adolescencia o aun hasta en su madurez experimentan transformaciones espirituales que les dan vuelta, les cambian la dirección y les reprimen su furia para encauzarla en los propósitos creativos de Dios para sus vidas. Esto no ocurre tan a menudo como las iglesias quieren que nosotros pensemos, ni tan pocas veces como lo pretenden las ciencias de la conducta. Pero sucede en situaciones tales como la de Agustín, Malcom X, Charles Colson y otros menos brillantes como yo mismo. La furia es al organismo humano lo que el fuego es a la vida humana. Puede destruir o calentar, cocinar y crear una fuerza humana tremenda. Lo importante es su control y el tipo de inteligencia, comprensión y percepción que guía su uso.

Otra génesis de los estilos de vida antisociales u hostil-agresivos aparece en la adolescencia. Si no hay modelos adultos adecuados que canalicen correctamente las agresiones del niño, la única posibilidad que les queda es la de unirse a la sensibilidad ética de otra familia mediante un amigo íntimo de su misma edad y sexo. Durante esta etapa relativamente breve, el niño ve un modelo diferente del de su núcleo familiar en un primo, un vecino o un compañero de escuela que vive al otro lado de la ciudad o del país. El o ella tienen un nuevo modelo a seguir. También puede ser que la otra persona provenga de un ambiente diferente del de la mentalidad de asedio. Puede que un niño negro conozca a uno blanco y construyan un mundo propio, sin que ninguno de sus padres lo sepan. Un niño judío y uno cristiano pueden aprender juntos que el otro es humano, que puede confiar en el otro, y comienzan a llevarse bien juntos.

Si no sucede algo así en la niñez o la preadolescencia, el niño entra en la adolescencia y entonces el grupo de sus amigos se convierte en la fuente de autoridad. Si este grupo está compuesto únicamente de personas hostiles, sospechosas y cínicas, entonces el mundo de los adultos se transforma en un mundo estúpido, en el que no se puede confiar y que sólo castiga. Esta llega a ser la base de aprendizaje del estilo de vida que hemos estado mencionando. Llegan a dejarse atrapar por una cultura de "rebeldes sin causa", propensos a cualquier clase de problemas.

La importancia del grupo para la personalidad hostil-agresiva señala a la importancia de la enseñanza, actividades, deportes y grupos terapéuticos como medios que proveen cuidado y diálogo. De la misma manera, si usted como líder del grupo puede ser realista pero amable, aceptando a los individuos y pidiéndoles que conversen personalmente con usted después de la reunión del grupo cuando se ponen algo agresivos, usted estará iniciándolos en el camino hacia su individualización, separados del grupo, la pandilla o la audiencia. Si pueden funcionar sólo una vez separados de pensar en grupo, pueden empezar a gustar mejor de sí mismos y de otras personas.

Otra fuente de empatía para las personas hostil-agresivas es mirar al otro lado de ese impulso agresivo que ignora el espacio personal o el territorio de los demás. El otro lado es una supersensibilidad hacia la gente que trata de "acercarse demasiado" a ellas. Su "miedo a la ternura" refleja el temor a perder su propio espacio personal, su propio "territorio". El imperativo territorial es casi un deber con estas personas. Usted puede tener esto presente y mantener un territorio distinto para usted. La mejor forma de proceder es atender en silencio escuchando con mucho cuidado a sus afirmaciones impetuosas, hasta que ellas empiecen a escucharse hablando solas. Proverbios 15:1 lo dice mejor: "La blanda respuesta quita la ira; mas la palabra áspera hace subir el furor." También Santiago 1:19 presenta la esencia de la habilidad para tratar con la persona hostil-agresiva: "Todo hombre sea pronto para oir, tardo para hablar, tardo para airarse."

Gran parte del éxito en tratar de mantener la separación como persona con sus propios derechos, yace en la brevedad, claridad y seguridad al hablar cuando esa persona trata de manipularlo. Jesús advirtió "sea vuestro hablar: Sí, sí; no, no; porque lo que es más de esto, de mal procede" (Mt. 5:37). Los intentos manipuladores de las personas hostil-agresivas brotan de su concepto tácito de que ellas son inteligentes y usted un estúpido. Un "no" franco, directo y seguro, les dirá que usted no se va a dejar manipular o usar. El consejo de Jesús a ser astutos como serpientes e inocentes o inofensivos como palomas, es apropiado. Si usted se resiste firmemente a que le vendan cualquier cosa y rechaza dejarse asustar por las amenazas, cuando ellas imaginaban que sería una presa fácil, usted se convierte para ellas por lo menos en un objeto de curiosidad y, quizá, hasta en un desafío. Ellas están acostumbradas a ser rechazadas con rudeza, pero no a que se les resista de buenas maneras y hasta con algo de humor.

Desafíos espirituales básicos del hostil-agresivo

Hay ciertos desafíos espirituales críticos que confronta la persona hostil-agresiva. Algunos de ellos son: La mayordomía de la ira, la "aceptación de la aceptación", la transformación espiritual del poder enfocándolo en Dios en vez de en sí mismo, el descubrimiento de su capacidad de aprender y la disciplina de ser considerado. Sus oportunidades y las mías de empezar el diálogo con ellas generalmente vienen cuando el estilo de vida de estas personas las vence o las desilusiona. Puede ser que esto les suceda en el trabajo, en su vida familiar, en la pérdida grande de algo o alguien que les era útil, o cuando se sienten muy molestas y humilladas. En estas ocasiones pueden reaccionar deprimiéndose. Desde el punto de vista pastoral, esta depresión es un complicado estado de sufrimiento. Las personas más ancianas de entre ellas enfrentan los problemas existenciales de ataques del corazón, la brevedad de la vida que tienen por delante y el hecho de que todos los imperios personales tienden a disolverse cuando los competidores más jóvenes avanzan para tomar el mando. La jubilación obligatoria les presenta una propuesta que no pueden rechazar. Una gran parte del estilo de vida antisocial depende de la abundancia de energía y de una excelente salud física.

Cuando la vida misma comienza a cerrarse sobre las personas hostil-agresivas es cuando es más fácil el acceso pastoral. Pero usted y yo necesitamos no depender demasiado de esto porque cuando se soluciona una crisis inmediata, o dicho menos elegantemente "cuando pueden zafarse de la trampa" ya no nos van a necesitar más. Tenemos que hacer todo lo que podamos cuando el problema está presente.

La mayordomía de la ira

La ira de la persona hostil-agresiva produce estragos. Se transmite dentro de la familia de una generación a otra. Una buena manera de mirarla es como una "creatividad que huye". Las enseñanzas de Jesús y de Pablo dejan bien claro que la ira no es mala en sí misma. Sin embargo, como sucede con cualquier otro atributo de la creación humana, como la inteligencia, la ira puede ser un riesgo que nos lleve a juicio. Nuestros mayores dones pueden ser al mismo tiempo nuestro camino a la destrucción, si no los ponemos bajo el control de las intenciones, el propósito y la presencia espiritual de Dios. Al estar así controlados se convierten en redentivos en vez de destructivos, creativos en vez de debilitantes. Jacobo y Juan, los "hijos del trueno" eran "halcones" cuando empezaron con Jesús, dependiendo sobre su propio equivalente al poder nuclear. Luego de que Jesús les enseñara, la tradición dice que Jacobo fue el árbitro del conflicto en la iglesia de Jerusalén y Juan se convirtió en el vidente místico del Apocalipsis.

El espíritu guerrero de la persona antisocial necesita, como dice William James, un "equivalente moral a la guerra". Ella se rebela contra rechazos anteriores. Toda esta energía requiere la mayordomía de un llamado superior al de "ser el Número Uno", al de agrandarse a sí mismo y al de manipular a otras personas. Si usted tiene un grupo de adolescentes o de matrimonios jóvenes que trabajan en el mundo de los negocios, la exploración útil de la mayordomía de la ira puede ser una buena manera de tratar con los estilos de vida de estas personalidades dentro del grupo. ¿Cómo puede encauzarse toda esta ira para el servicio de Dios, eliminando la astucia, la manipulación y el desprecio por otras personas?

Por supuesto, desde el punto de vista del líder, un grupo de discusión así traería a la superficie los problemas más profundos que están detrás de la ira: nuestros antiguos sentimientos de rechazo, nuestra desconfianza y temor básicos en cuanto a la confiabilidad de otras personas, nuestra autosuficiencia.

La "aceptación de la aceptación"

El argumento antiguo de las personas hostil-agresivas es que los demás los rechazan, y de ahí derivan que no pueden confiar en otras personas, ni depender de ellas ni creer en ellas. El hecho de encontrar a alguien —o Alguien, en la persona de Jesucristo— que *sea* digno de confianza, de quien puedan depender y cuya palabra sea cierta, puede sacudir las bases de la persona hostil-agresiva. Dios está obrando para "la remoción de las cosas movibles, como cosas hechas, para que queden las inconmovibles", dice Hebreos 12:27. Nuestra oración es que Dios "sacuda" la estructura de rechazo creada en las vidas de estas personas. El hecho de que encuentren en usted, en mí o en algún grupo del que formemos parte, a alguien que les acepte sinceramente será un evento sacudidor. Sus presuposiciones en cuanto a la vida se harán añicos si usted o yo o nuestro grupo podemos ver a través de su impetuosidad, su arrogancia y su deseo de manipular, y encontrar a una persona asustada, aterrorizada, no amada ni amable.

Hacer esto es aceptar a las personas tal como son detrás de sus máscaras. Luego su tarea es aceptar la aceptación. El primer pensamiento que tienen en cuanto a nuestra aceptación es: "Ellos no son francos. Deben tener algo escondido. Algo estarán tratando de obtener con esto. Todos tienen algún negocio sucio. Voy a observarlos con curiosidad para ver cuál es." Entonces, nuestra aceptación es puesta a prueba. ¿Será un esfuerzo para manipularlos, o para obtener nuevos miembros para la iglesia, o para conseguir dinero para nuestros proyectos, o para ganar el concurso de quién lleva más visitas a la escuela dominical, o qué?

¿O es nuestro único interés que estas personas conozcan a Dios en Jesucristo, quien tiene un lugar en su nuevo orden de la vida humana para estos hijos e hijas del trueno? El brinda gracia y aceptación, una comprensión sincera de la persona rechazada y febrilmente engreída. Como dice Paul Tillich, la fe en el amor de Dios significa que podemos aceptar el ser aceptados aunque sepamos que somos inaceptables. Una manera más simple de decirlo es, ser perdonados y creerlo.

El traspaso del foco de poder de uno mismo a Dios

La principal preocupación espiritual con las personas hostil-agresivas es su tendencia enraizada a centrar sobre sí mismas el poder, la situación social y el control en cualquier relación. Cuando les golpea algún evento traumático de la vida, se encuentran, al igual que Elías, en su propio desierto del espíritu. Es probable que sientan como sintió el profeta: "Sólo yo he quedado, y me buscan para quitarme la vida" (1 R. 19:10). Dios hizo conocer su presencia como un poder superior al de Elías, y le dio ciertas noticias para humillarlo: Tú no estás solo, hay otros siete mil que no han inclinado sus rodillas ante Baal ni lo han besado. Entonces, el poder hostil y peleador que Elías centraba sobre sí mismo, fue sacudido y surgió un nuevo orden para su vida.

Yo he visto cómo este tipo de transformación ocurría dramáticamente en varias personalidades antisociales a las que he servido. Tenemos relatos autobiográficos de eventos semejantes en las historias de Malcom X y Charles Colson. Colson se describe a sí mismo usando el lenguaje de este capítulo. El era "el joven brillante de Boston. . . arañando y esforzándome para conseguir una posición social y un lugar". El habla de su "arrogancia del vencedor sobre un enemigo que se ha sometido" (1977:135).

Durante su gran pérdida y humillación, y antes de su encarcelamiento, Charles Colson visitó a su amigo Tom Phillips, el cual

> era tan amable que yo no me podía sentir dolorido por la manera en que veía las cosas con tal claridad. "Chuck, lamento tener que decir esto, pero ustedes mismos se lo han buscado. Si hubiesen depositado su fe en Dios y si su causa hubiera sido justa, él los habría guiado. . . Chuck, creo que no comprenderás lo que te digo sobre Dios, hasta que estés dispuesto a enfrentarte contigo mismo de una manera honrada y formal; este es el primer paso" (Colson 1977:133, 134).

Ellos leyeron todo un capítulo del libro de C. S. Lewis *Cristianismo Esencial* sobre el orgullo humano como la principal miseria de la vida. Después de una larga conversación, Colson permitió que Phillips orara con él. Colson quedó profundamente sacudido, pero le agradeció a su huésped y se retiró. Manejó su auto por unos pocos metros desde la casa de Phillips pero estaba tan emocionado que se corrió a un costado y estacionó.

> Con mi cara entre las manos y la cabeza inclinada sobre el volante, me olvidé de mi virilidad, me olvidé de toda mi pretensión y mi temor de ser débil. Al hacerlo, comencé a sentirme verdaderamente libre y luego sentí la extraña sensación de que el agua no sólo me rodaba por las mejillas, sino que fluía por todo el cuerpo también, limpiándolo y refrescándolo. No eran lágrimas de tristeza y remordimiento, sino de gozo y al mismo tiempo lágrimas de alivio.
> Entonces hice la primera oración auténtica en toda mi vida. "¡Dios, no sé cómo encontrarte, pero lo voy a intentar! No soy

gran cosa ahora mismo, pero quiero entregarme a ti." No sabía
cómo decir más, así que repetí una y otra vez la palabra: *Tómame.*

No había "aceptado" a Cristo: todavía no sabía quien era. Mi
mente me decía que era importante averiguarlo antes para que
estuviese seguro de lo que hacía, de que lo hacía de verdad y que
permanecería fiel. Es sólo que esa noche algo en mi interior me
empujaba a entregarme, aunque a qué o a quién no lo sabía.

Permanecí en el coche, con los ojos húmedos, orando y
pensando tal vez durante media hora, quizá más, solo en la
quietud de la noche oscura; pero por primera vez en mi vida no
estaba solo. (Colson 1977:138, 139).

Colson se quitó la máscara. Estaba cambiando su foco de poder
de sí mismo como una figura poderosa, a Dios. Algo dentro de sí le
urgía a que se rindiera.

Harry M. Tiebout habla de un "acto de rendición" en personas
adictas al alcohol. Podemos muy fácilmente ser adictos al poder y a
los encantos de nuestra propia inteligencia. Al definir este acto de
rendición, él dice: "Debe considerarse como el momento cuando las
fuerzas inconscientes del desafío y la grandiosidad dejan de
funcionar efectivamente. Cuando esto sucede, el individuo está
ampliamente abierto a la realidad; puede escuchar y aprender sin
reaccionar peleando" (1950:1).

Es muy fácil ver que el resultado de este acto de rendición, el
cambiar el foco de poder de uno mismo a Dios, es la capacidad de
escuchar y aprender. Colson abandonó su presunción de que él
sabía todo, y nadie le podía enseñar nada. La reverencia al poder de
Dios y la capacidad de escuchar y aprender, son todos frutos del
Espíritu en la vida de la persona hostil-agresiva. Como resultado de
su capacidad de escuchar y aprender viene el descubrimiento de
que se puede confiar en algunas personas, y que el juicio de éstas,
sus opiniones y el compañerismo, son indispensables para su nueva
vida en Dios. Atrás queda el engreimiento arrogante; y en su lugar
hay una nueva amabilidad y consideración.

La disciplina de ser considerados

El abuso verbal y a veces físico que reparten las personas hostil-
agresivas, las confronta con un largo peregrinaje para abandonar su
rudeza, sus deseos de venganza y aun la brutalidad hacia los demás.
Ciertamente, su crueldad al deleitarse en hacer que la gente
indefensa se retuerza en humillación, requiere una nueva y
prolongada disciplina para lograr ser considerados. La amabilidad
puede aprenderse. Colson destacó que Phillips, aunque era presi-

dente de una gran empresa, era *amable*. Uno de los frutos del Espíritu es la benignidad (Gá. 5:22). Otro don es la templanza. Estos dones del Espíritu se atrofian si no se ejercen. Como tales, son disciplinas, especialmente para la persona hostil-agresiva a la que se le enseñó a ser ruda y a considerar la benignidad como algo estúpido o débil.

El mejor lugar para empezar a ejercer la amabilidad y a ser considerados es con los niños. Con respecto al enojo debemos ser como niños. Ellos no dejan que el sol se ponga sobre su enojo. Es sólo de las personas mayores que los niños aprenden a arrastrar rencores, a planear venganzas y llevarlas a cabo. En nuestra propia conducta con las personas hostil-agresivas, la amabilidad es nuestra fortaleza máxima. Esto las confunde, porque las enfrenta a un estilo de vida diferente. Aun puede llegar a intrigarlas. Como dice el proverbio taoísta: "Aquel que es verdaderamente fuerte no tiene miedo de ser amable."

5

LA MASCARA DE LA AGRESION PASIVA

Mientras que las personas hostil-agresivas están obsesionadas con el hecho de *capturar* el poder y la autoridad, las personas pasivo-agresivas no están obsesionadas por *tener* el poder. Ellas se encuentran rodeadas por la tentación de resistir la autoridad. Millon se refiere a ellos como personalidades oposicionales o negativistas. Hay muchos comportamientos ambivalentes y contradictorios que tienen lugar. En cierto momento la persona es dependiente y sumisa; y más tarde es inadecuadamente segura e independiente. Juan Bunyan llamaría a esta persona: "El-señor-de-dos-caras". Hay un descontento crónico que permea la existencia de esta persona.

Un perfil del estilo de vida pasivo-agresivo

Resistencia pasiva a las demandas de rendimiento

Los estudiantes secundarios, universitarios, o del seminario, muestran su resistencia a la autoridad no asistiendo a clase, entregando tarde sus trabajos, pidiendo otra oportunidad para los exámenes, o pidiendo que se les dé una calificación de "incompleto" al final del período en el que hicieron un trabajo muy pobre.

La persona pasivo-agresiva llega a un arreglo con su esposo o esposa en cuanto a cierta tarea que va a hacer, pero la va aplazando y nunca se dispone a hacerla. El otro cónyuge empieza a recordárselo, luego rezonga, luego se enoja más y por último explota de ira. Entonces el pasivo-agresivo se siente herido, no habla casi nada, pone la cara larga y hace pucheros.

En la iglesia, cuando se elige a un pasivo-agresivo para que sea el presidente de una comisión, puede ser que nunca se decida a reunir al grupo, y cuando se acerca la fecha de presentar sus informes, nunca están listos.

En el trabajo, las personas pasivo-agresivas pueden funcionar muy bien si no tienen ninguna responsabilidad importante, pero pueden ser lentas para tomar decisiones e implementarlas. Esto se debe a que la toma de decisiones y su implementación se hacen dentro de espacios de tiempo definidos. Yo he observado que las personas pasivo-agresivas parecen vivir en un mundo propio fuera del tiempo. Los calendarios y los relojes tienen poco significado para ellas.

Comportamientos pasivo-agresivos específicos

Hay cinco comportamientos pasivo-agresivos que son las respuestas casi automáticas y reflejas de estas personas en su resistencia a la autoridad, a las demandas ordinarias de la gente que es responsable de ver que cumplan las tareas diarias en el hogar, el trabajo o la escuela. Estos comportamientos son: aplazarlas, holgazanear, ponerse testarudo, ser intencionalmente ineficiente y olvidarse.

Estos cinco comportamientos se catalogan comúnmente como criterios de diagnóstico. Yo quisiera agregar: (1) una percepción del tiempo centrada en el momento presente, y que borra el recuerdo de errores pasados e ignora la previsión necesaria para planificar, calcular riesgos y estar listos ya sea para las oportunidades o los peligros futuros; (2) un rechazo pasivo a aceptar la instrucción, disciplina y sacrificio requeridos para ganarse las credenciales para adelantar en una cultura que valora grandemente cosas tales como diplomas secundarios, títulos universitarios, certificados y licencias de competencia profesional, y ser miembro de los sindicatos de trabajadores.

Inefectividad crónica y prolongada en las responsabilidades laborales, matrimoniales y familiares

Esto incluye responsabilidades tales como conseguir un trabajo adecuado y satisfactorio, desempeñarse bien como estudiante y hacer las cosas que merecen una promoción. Mientras que la persona dominada por el poder y hostil-agresiva va a manipular y orquestar cualquier estructura de poder para avanzar, la persona pasivo-agresiva va a hacer lo mínimo para continuar y, más o menos intencionalmente, es ineficiente en hacer las cosas necesarias para progresar. En mi observación de aquellos a quienes aconsejo, encuentro un gran número de individuos con este estilo de vida que dicen que quieren trabajar en forma independiente. Quieren ser escritores, pero evitan el hábito de dedicar un tiempo constante a escribir, y muchas veces no quieren estudiar literatura ni composición, ni aun leen lo suficiente. Quieren ser empresarios pero no quieren aprender administración de empresas, ni contabilidad, ni cómo mantener cuentas corrientes y cosas semejantes. Quieren ser jardineros especialistas, pero no se interesan en estudiar horticultura. Quieren ser constructores, pero no quieren aprender en cuanto a contratos, obras, arquitectura e ingeniería. Quieren "destacarse" como músicos, pero no quieren estudiar con un maestro profesional de música. Ellos creen que pueden adquirir estas cosas por sí solos, por la experiencia.

No quieren buscar un maestro

Hace algunos meses asistí a un Bar Mitzvah para el hijo de un colega. En su desafío al jovencito el rabino citó el Talmud mencionando "tres necesidades para vivir efectivamente entre la gente de la tierra: Primera, elígete un maestro y sigue sus instrucciones como un buen discípulo. Segunda, elige un amigo del cual puedas aprender y con el cual puedas trabajar. Tercera, juzga a las personas por sus propios méritos sin permitir que lo que oyes sobre ellas determine tus pensamientos".

Una de las dificultades principales de los individuos con una personalidad pasivo-agresiva es su falta de disposición a elegir un maestro o un amigo del cual aprender alguna disciplina y cómo practicarla. Ellos están dispuestos a aceptar dinero y otros favores de las personas en autoridad, pero no aceptan consultarlas o recibir instrucción o advertencia o consejo.

Los individuos pasivo-agresivos en acción

Sigo esperando mi gran oportunidad

Mientras la resistencia a la autoridad parece ser el estilo de vida de la personalidad pasivo-agresiva, ellos parecen apoyarse casi supersticiosamente en la casualidad, las probabilidades, el destino, etc. Ellos arrastran un hábito persistente de nunca tener suerte. Su religión es la suerte, no la Providencia. Si el mundo les retira su oro y su plata, se sienten víctimas. Se sienten forzados por las circunstancias a continuar con muy poco dinero. Como afirma Millon, la vida "no ha sido buena con ellos. Se sienten engañados y menospreciados. Todo lo que han hecho no les valió de nada"

(1981:255). Su manera de llegar a esta conclusión es que ellos simplemente no tienen suerte. Luego, otra vez, en una situación específica en que las cosas no resultaron bien, dirán que fue debido a que la gente los abandonó, no hicieron lo que dijeron que iban a hacer, o simplemente no hicieron bien su trabajo.

Nuevamente viene a nuestra ayuda la mitología griega para la comprensión de la persona negativista, pasivo-agresiva en acción. Los griegos tenían un trío de diosas, las Parcas, quienes determinaban la vida. Cloto manejaba los hilos de la vida de una persona. Laquesis, quien disponía la suerte o las situaciones de la vida, determinaba la duración de la vida de una persona. Atropos, la inflexible, cortaba la vida poniéndole fin. Las personas pasivo-agresivas parecen encerradas en una creencia no verbal de que su destino es ser perdedoras. El hilo de su vida, a medida que se va desarrollando, es su evidencia. Ellas sienten que nunca llegan a ninguna parte. A diferencia del espíritu competitivo de las personalidades narcisistas y antisociales, ellas abandonan cualquier competencia. Tienen un esnobismo al revés en cuanto a la posición social y a progresar en el mundo. Si una paloma llega a volar sobre una multitud en la que se encuentran estas personas, probablemente ¡ellas serán quienes reciban sus excrementos!

Estas personas critican su situación en la vida, y verbalizan mucho la descripción de su descontento. Pero el deseo de llegar hasta el fondo y comenzar un programa de cambios para mejorar la vida, está ausente. Cuando se les presenta una manera de enfrentar una situación así, ellas estarán de acuerdo cortésmente en que es una buena estrategia, pero enseguida dirán: "Sí, pero. . . " y empezarán a señalar todos los obstáculos que se les pueden aparecer. O puede ser que acepten en silencio que se deben tomar estos pasos de acción. Luego lo aplazarán, perderán el tiempo, se olvidarán y finalmente se perderán la oportunidad por ser demasiado tarde. En resumen, dejan negligentemente que la vida pase. Al no hacer ninguna decisión y no tomar ninguna acción, han permitido que la vida misma haga las decisiones y tome la acción, a desventaja de ellas.

Cuando esto sucede, se vuelven morosas y taciturnas; y pueden ser impredecibles, impulsivas y explosivas. Hacen cambios impulsivos de trabajo, gastan dinero desordenadamente, o presionan a su familia para que hagan cambios sorpresivos y dramáticos. En una sucesión rápida de cambios de conducta y de temperamento, dicen y hacen cosas, generalmente en el ámbito del trabajo, dinero o la compra y venta de propiedades, que muestran un gran deterioro de su buen juicio.

En realidad, no sé lo que quiero hacer

El carácter pasivo-agresivo es un Hamlet moderno. Está paseándose constantemente entre los dos lados de cualquier decisión pendiente.

¡Ser o no ser! ¡La alternativa es ésta!
Si es a la luz de la razón más digno
Sufrir los golpes y punzantes dardos
De suerte horrenda, o terminar la lucha
En guerra contra un piélago de males

* * * * * * * * * * * * * * * * * *

Nuestra conciencia, así, nos acobarda;
Y el natural matiz de nuestro brío,
Del pensar con los pálidos reflejos
Se marchita, y así grandes empresas
Y de inmenso valer su curso tuercen
Y el distintivo pierden de su impulso

(*Hamlet*, III, i)

Esta indecisión se ve en el orden académico al tener que elegir su vocación, al tener que elegir su especialidad dentro de la escuela profesional y en cuanto al lugar donde establecerse luego de completar su educación —¡si es que alguna vez la completan! La indecisión también se muestra en los juegos no verbales que juegan las parejas de matrimonios, sin comprometerse completamente uno al otro, pero también sin decidirse a romper el matrimonio. Mientras tanto, estas personas están cargadas alternadamente con sentimientos de culpa y sentimientos de resentimiento.

Tengo miedo de cometer un error

Cuando uno llega a conocer por varios años a personas con un estilo de vida pasivo-agresivo, advierte cómo emerge un raro sentido de perfeccionamiento en los pensamientos que dejan salir cuando están bajo una ansiedad grande. Generalmente expresan esto como: "¡Tengo un miedo tremendo de cometer un error!" Luchan constantemente con lo que Karen Horney llamó la "autoimagen glorificada" de alguien que espera hacer decisiones perfectas. Junto con toda la superestructura de creer que están destinados a la mala suerte, arrastran una gran cantidad de ansiedad producida por el perfeccionismo. Cuando se encuentran bajo una presión extrema, esto puede resultar en síntomas físicos clínicamente manifiestos —respiración cortada, cavidad pectoral comprimida y síntomas similares a los de un ataque cardíaco, por ejemplo. La intervención médica es sumamente apropiada. Su dolor es verdadero y merecen un buen cuidado médico.

Avenidas de empatía para las personas pasivo-agresivas

Perfeccionismo y temor a equivocarse

El perfeccionismo de las personas pasivo-agresivas, junto con su dilación e indecisión, está detrás de gran parte de su falta de productividad en la escuela, en el trabajo y en su situación matrimonial. Puede ser que sufran fuertes ataques de ansiedad en el momento de un examen o cuando deben entregar un trabajo importante en la escuela. Aquellos que son profesores, al saber que su promoción depende de la productividad académica, estarán desesperados por escribir un artículo o libro y se imaginan a sí mismos escribiendo una obra magna digna de renombre nacional e internacional. Pero en el fondo de su ser están dominados por el terror inconfesado de hacerlo mal.

¿Cuáles son algunas causas de esto? Cuando usted les hace que recuerden cuándo comenzaron a sentirse así, es probable que descubra que tuvieron padres muy exitosos que esperaban y demandaban la perfección de sus hijos e hijas. Y si ellos no esperan o demandan esto, los hijos los *perciben* como si lo hicieran. Al mismo tiempo se sienten culpables debido a las expectativas de los padres, o al ejemplo que se requiere de ellos. Luego se sienten resentidos porque necesitan ser amados sin que se les tome en cuenta que hagan las cosas mal. Ellos comenzaron la vida con una ambivalencia de admiración y resentimiento hacia uno o ambos padres que eran muy difíciles de imitar. Este escenario se repite una y otra vez en las reuniones clínicas con padres muy importantes que están perplejos al ver el rendimiento tan bajo de sus hijos. Nuevamente, las actitudes culturales formadas en cuanto al "éxito" y al "prestigio" tienen algo que ver en la formación de las personalidades como las que estamos discutiendo aquí.

La pérdida de la bendición paterna

En cierto sentido, la persona pasivo-agresiva puede haber sido positiva y efectiva en los primeros años de su vida. Puede ser que haya sido el hijo único por varios años, antes de que nazca otro hermano. Luego se puede haber sentido desplazado por el hermano menor que rápidamente pasó a ser la estrella de la familia. El primer hijo desplazado entonces, sintió que la bendición de los padres había pasado al otro hermano y gradualmente pasó de ser el niño creativo, "dulce" y expresivo a un niño amargado y pesimista. Esos niños no se sienten seguros en cuanto a expresar de una manera directa y agresiva sus sentimientos de injusticia, soledad y dolor. En vez de eso, ellos siguen la ruta dolorosa de relegamiento, abandono, bajo rendimiento y falta de productividad. El hijo menor, que es más pequeño y no sabe tanto como su hermano mayor, no hace las cosas más fáciles para este hermano que está sufriendo. El o ella va a *buscar* activamente la bendición de los padres, a costa del hermano mayor.

Una atmósfera familiar dividida

Como resultado de su investigación y experiencia clínica Millon sugiere que la reacción habitual a la vida del pasivo-agresivo, puede ser el resultado final de haber sido criado por padres que constantemente se menospreciaban uno al otro y discutían entre sí. El dice que los niños "a menudo están obligados a actuar como mediadores de las pequeñas tensiones que sus padres generan. Los niños pueden verse forzados a tomar partido y cambiar sus lealtades de un momento a otro. Ellos descubren que no son libres para ser 'ellos mismos'" (1981:267). La ambivalencia e indecisión de la vida de la persona pasivo-agresiva puede ser un testimonio mudo a este tipo de historia.

Alergia a la responsabilidad de ser uno mismo por derecho propio

Estas personas negativas están "clavadas" en el lado oscuro de la luna de su propio yo. Erik Erikson (1968:172-174) habla de la elección de la identidad negativa:

> La pérdida del sentido de identidad a menudo se expresa en una hostilidad llamativa y vergonzosa hacia aquello que se presenta como apropiado y deseable en una familia o comunidad inmediata. . . Sin embargo, en general los conflictos de nuestros pacientes se expresan de una manera más sutil que la negación de la identidad propia. En lugar de eso ellos eligen una *identidad negativa;* es decir, una identidad basada en todas aquellas identificaciones y papeles que, en las etapas críticas del desarrollo personal, se les han presentado como las más indeseables y peligrosas, pero al mismo tiempo como las más reales.

Estos papeles acerca de los cuales se les ha advertido que son los más indeseables y peligrosos, a menudo son los que demandan menos responsabilidad. En consecuencia, los padres y hermanos del joven pueden interpretar que la persona es haragana, que se la pasa soñando o que nunca termina de hacer nada. La mayoría de quienes conocen a esta persona no ven su desesperación o no se dan cuenta de que puede tornarse tan llena de culpa, ansiosa y deprimida al punto de ser suicida. Soren Kierkegaard tiene una visión profunda de esta desesperación durante el desarrollo de la persona. El dice: "El hombre es una síntesis de lo finito y lo infinito, de lo temporal y lo eterno, de la libertad y la necesidad. . . Una síntesis es una relación entre dos factores. Considerado de esta manera, el hombre todavía no es un yo." La afirmación de Kierkegaard en cuanto a la forma de desesperación de las personas negativistas y pasivo-agresivas, es su desesperación de no estar dispuestas a ser un yo. Todas las opciones de identidad se les presentan ante ellas como un llamado positivo y creativo a la disciplina, al autosacrificio y a aceptar la responsabilidad. Son alérgicas a todo esto. Rechazan definitivamente convertirse en individuos así. Sin embargo, la identidad negativa les deja como vagabundos entre aquellos que los aman, y sienten que todos los de su grupo son parte de una "generación perdida" (Kierkegaard 1941:17).

Por lo tanto, nosotros trabajamos suavemente con estas personas. Nuestra primera respuesta visceral es irritarnos contra ellas, perder la paciencia y enojarnos. Ellas se lo buscan al actuar como lo hacen con nosotros. En otras palabras, hacen las cosas para que nosotros rompamos nuestra relación con ellas. Ellas no *planean* hacer esto; simplemente lo hacen porque "son así". William H. Reid (1983:199) advierte sabiamente: "Aunque (usted) puede sentirse enojado. . . recuerde que la conducta (de esa persona), aun cuando aparentemente es voluntaria, se está defendiendo contra una gran ansiedad o deterioro."

Dilemas y recursos espirituales de la personalidad pasivo-agresiva

Falta de noción del tiempo: sus finalidades y su fin

Cuando uno llega a conocer bien a los individuos con estilos de vida pasivo-agresivos, se asombra de su falta de noción en cuanto al tiempo. En términos del Nuevo Testamento, ellos no pueden "distinguir los tiempos", ni se dan cuenta de la "brevedad del tiempo". No advierten el fin inminente de cada etapa de la vida y parecen ser ajenos al paso de los años. De ahí que no hagan las obras de Aquel que les envió mientras es de día, sabiendo que viene el tiempo cuando nadie puede obrar. Por lo tanto, estar "listo" no forma parte de sus valores conscientes y con seguridad no es el tono o el temperamento de sus modos de existencia. El sentido de cualquier clase de final está ausente. Ellos echan fuera de sus vidas este aspecto espiritual, lo que les obstaculiza su funcionamiento básico en cualquier dirección. Algunos opinan que ellos escuchan un tambor diferente, pero en cuanto a escuchar al reloj y al calendario y a ser conscientes de la gracia, no escuchan nada. ¿Cambia esto y puede cambiarse?

Esto puede cambiar cuando hay una interrupción masiva y una pérdida de equilibrio producida por la muerte de una persona que los ha protegido y apoyado cuando estaban en problemas. Si ocurre que la persona pasivo-agresiva es un alcohólico, el que muere puede ser un padre, un cónyuge o un buen amigo. Toda la configuración de su sistema de estrés queda desarreglada. Puede ser que ahora se enfrente con la realidad de la muerte y de sus propios años que pasan. Otra circunstancia puede ser cuando estas personas que los protegen digan: "Esto ya ha sido suficientemente largo. Se terminó". Dejan de facilitarles dinero y ya no los sacan del apuro de los abismos que crean por su falta de cuidado o de precaución. Muchas veces los padres se preguntan: "¿Cómo puedo ayudar a este hijo?" La respuesta es: "¡Deje de hacer algunas de las cosas que está haciendo!" En el lenguaje de los Alcohólicos Anónimos, esto se llama "elevar el piso" para que ellos "toquen fondo más pronto".

Otra manera por la que la persona pasivo-agresiva llega a tomar conciencia de la realidad y el valor del tiempo, es cuando se escapa por muy poco de la muerte. La persona puede tener tendencia al suicidio. Ya sea el suicidio o el intento de suicidio *crea* el fin. Si la persona fracasa en su intento y esto la lleva a darse cuenta de lo breve y valioso que es el tiempo, entonces el haber llegado hasta el borde del abismo puede producir cambios profundos.

Sin embargo, no son muchas las veces que la vida misma enfrenta a las personas pasivo-agresivas con estos traumas. En vez de estar listas y preparadas para estos momentos de prueba de la vida, son como las vírgenes necias que no estaban listas para el regreso de su señor. Sus lámparas están vacías y las mechas no están listas. En lugar de esto, están *esperando* que un familiar rico se muera, confiando en heredar su parte de la fortuna familiar que justifique su estilo de vida de dejarse estar. Su indecisión puede tener una venalidad oculta, alimentada por el deseo sutil de que el pariente se muera. Esta es una característica de la gente pasivo-agresiva con una buena posición económica. No se preparan para su propia defunción; asumen que vivirán para siempre. Sin embargo, cuentan con la muerte de sus parientes ricos.

Si usted y yo tenemos relación con estas personas como maestros, entonces el tema de la conciencia del tiempo puede ser una parte del currículo. Toda una clase puede participar de un experimento en cuanto al tiempo. Yo he hecho que algunas clases lleven un diario del uso de su tiempo por el transcurso de una semana o de un semestre. Luego de leerlos, no sólo aprendí mucho en cuanto al uso que mis alumnos hacen del tiempo, sino que también puedo hacer sugerencias concretas acerca de cómo usarlo mejor.

Si usted y yo somos consejeros personales de estos individuos, sería un buen procedimiento presentar el tema de la conciencia del tiempo, del cual la dilación es sólo una expresión, y formular una tarea significativa que deberá ser completada en cierto período de tiempo. Muchas veces estas personas están buscando trabajo. La "tarea" puede ser que preparen un resumen de sus antecedentes educacionales y laborales. Una modificación directa de conducta en cuanto al uso del tiempo puede ser un catalista para cambios personales mayores.

Sin una nueva perspectiva del tiempo, el concepto mundial de la persona negativa y pasivo-agresiva tiende a coincidir con el pesimismo de Macbeth:

> Mañana, y mañana, y mañana,
> Resuena en este andar insignificante de día en día,
> Hasta la última sílaba del tiempo registrado;
> Y todo nuestro ayer nos ilumina tontamente
> El camino hacia la muerte polvorienta.
> ¡Apágate, apágate, pequeña vela!
> La vida no es más que una sombra que camina, un mal actor
> Que se pavonea y molesta en el escenario,
> Y después no se oye más; es un cuento narrado por un idiota,
> lleno de ruido y furor, pero que no significa nada.
>
> (Macbeth, V, v, traducción libre.)

Una capacidad deteriorada para entregarse a un propósito definido

Con un pesimismo similar al de Macbeth, la persona negativa ha perdido la confianza en sí misma que normalmente se renueva, se alimenta y se mantiene en las épocas de debilidad por un claro sentido de propósito. Si la vida es un cuento contado por un idiota, sin ningún significado, entonces el corazón de la gente desfallece por falta de la pasión de un propósito. En su nivel más específico, un propósito apasionado se centra alrededor de la habilidad personal en algo para lo cual uno no sólo está capacitado sino que disfruta haciéndolo. Uno no sólo cocina las comidas para la familia sino que es un artista en la preparación de alimentos que no sólo agradan al paladar sino que son una bella creación atrayente a la vista, al olfato y aun al tacto. Uno deja las huellas digitales de su habilidad particular y su dedicación inspirada a la tarea, como una marca registrada de su identidad positiva en su mundo. Cualquier cosa que uno haga, desde el trabajo manual más simple hasta la obra más compleja de un astronauta, un artista o un compositor, lo hace con la pasión de hacerlo, hacerlo bien y disfrutar haciéndolo. Las disciplinas que se requieren en el proceso, no son una elección sino una necesidad, como el oxígeno, el alimento y el agua.

Pero la persona pasivo-agresiva está, en el mejor de los casos, en un estado de apatía que dice: "Mejor no"; y en el peor de los casos, en un estado de inferioridad que dice: "Tengo miedo de intentar eso". Los centros de orientación vocacional afirman las aptitudes básicas de la gente brillante y capaz, pero muchas veces destapan estas actitudes negativas y la pérdida de confianza como impedimentos para el logro de aptitudes excelentes. Como resultado, se recomienda una terapia personal además de la orientación vocacional.

Sin embargo, ninguna terapia será suficiente a menos que la persona participe de un programa diario para disciplinar sus habilidades, bajo una supervisión cuidadosa. La meta de aprendizaje es desarrollar confianza y continuidad en una habilidad que se encuentre dentro de las capacidades manifiestas de la persona. La meta del supervisor es sacar a la luz los dones del individuo y animarle a creer en sí mismo a través de creer en el supervisor. Hay muy pocas discusiones de las relaciones entre padres e hijos en las cuales no se advierta que la ausencia de una supervisión atenta y consistente al niño en desarrollo en cuanto a una habilidad que él disfruta sea una de las raíces del estilo de vida pasivo-agresivo.

Si usted es consejero o maestro de estas personas, no es demasiado tarde. Usted puede centrar su atención en el interés vocacional de la persona, desarrollar un programa de vigilancia estrecha durante un período de tiempo, reconstruir su confianza en las obras de sus manos y ayudarle a desarrollar esa identidad positiva que tanto necesita.

Como cristianos, generalmente hablamos de este proceso como la búsqueda seria de las personas en cuanto al llamado de Dios para sus vidas, y la respuesta en el ahora inmediato. La gloria de Dios brilla en ellas y la belleza del Señor se posa sobre ellas cuando Dios en Cristo confirma la obra de sus manos (Sal. 90:16, 17). Este es el único interés en el tratamiento cristiano de estas personas. Mientras ellas vagan sin sentido en la chatura nebulosa de su falta de propósito y dirección en la vida, nosotros como sus ayudantes podemos posar una mano de aliento, suave pero firme sobre sus hombros, mientras estemos a tiempo —mientras dure el día, como diría Jesús.

¿Para ser y para hacer qué fueron puestos aquí por Dios? Podemos formular la antigua pregunta: "*¿Quo vadis?*" ("¿A dónde vas?"). Podemos quedarnos con ellos mientras encuentran sus propias respuestas bajo Dios. A lo largo del camino podemos decirles, "*¡Sursum corda!*" ("¡Arriba los corazones!") Para ellos somos un Bernabé, una persona que alienta, cuando los encontramos en algún lugar donde la gente no sabe hacia dónde va y cae en una crisis tras otra que les priva de la esperanza, el gozo y la plenitud bajo Dios.

6

LA MASCARA DE LOS
DEMASIADOS ESCRUPULOS

Con la persona pasivo-agresiva, el perfeccionismo es algo que queda escondido. Sin embargo, es lo que más se destaca en la persona superescrupulosa. Uso la palabra "superescrupuloso" para describir este estilo de vida, porque esta palabra tiene una larga historia en las comunidades religiosas de fe. DSM III usa el término psiquiátrico "trastorno de personalidad compulsiva". Escrupuloso es un término que se usa en la teología moral católica para describir la conducta de la persona que usa demasiado el confesonario. Ellas están confesando repetidamente pecados triviales e ínfimos. Hay pocos protestantes que tienen un ritual formal de confesión. Sin embargo, todos los grupos tienen comunicantes superescrupulosos que buscan frecuentemente al pastor para un consejo o confirmación. Ellos están expresando repetidamente preocupaciones similares, si no son las mismas, en cuanto a asuntos de poca importancia. En las iglesias de tradición evangelizadora ellos usarán la invitación para hacer una profesión pública de su fe una y otra vez. En muchos casos se bautizan varias veces. Más adelante en este capítulo discutiremos otras expresiones del estilo de vida superescrupuloso en la comunidad religiosa. Estos ejemplos establecen claramente la importancia de incluir los demasiados escrúpulos en una discusión del comportamiento religioso en los trastornos de personalidad que los psiquiatras describen como compulsivos.

Un perfil de la persona superescrupulosa en acción

Se dedica a lo insignificante y pierde el cuadro completo

Las personas demasiado escrupulosas tienen mucho problema en distinguir el bosque de los árboles. Su perfeccionismo en cuanto a reglas, eficiencia y detalles o formas insignificantes interfiere impidiéndoles ver el cuadro completo. Por ejemplo, si pierden una lista de cosas que deben recordar, revuelven toda la casa y gastan cantidades tremendas de tiempo buscándola. No se les ocurre tranquilizarse, descansar y reescribir esa lista de memoria. Ninguna otra lista les va a conformar, sólo esa.

"Tacañería"

Las personas superescrupulosas son tacañas en muchos sentidos. DSM III dice que son "tacaños con sus emociones y posesiones materiales; por ejemplo, raramente hacen cumplidos o regalos". Tienen una "habilidad reducida para expresar afecto y emociones tiernas, por ejemplo, un individuo puede ser excesivamente convencional, serio y formal" (pp. 326, 327). La preocupación por el dinero, que se guarda con una avaricia digna del personaje tacaño de Dickens, es una característica de la persona demasiado escrupulosa. En consecuencia, el dinero se convierte en su campo de batallas con familiares, compañeros de trabajo, terapeutas y otros.

Control de otros

Por ser perfeccionistas, las personas superescrupulosas insisten en que los demás hagan las cosas a su manera. No se dan cuenta del enojo que sienten los demás cuando ven que sus planes y propósitos se dejan de lado en provecho de las demandas, muchas veces tontas, de tales personas. Los superescrupulosos se rigen por las reglas. Sea en la familia o en el trabajo, funcionan con una mentalidad de instructor del ejército.

Adicción al trabajo

Ya que yo mismo soy un adicto al trabajo confeso (ver mis *Confessions of a Workaholic,* Confesiones de un adicto al trabajo) me siento incómodo al escribir este capítulo. De acuerdo a DSM III, la razón es que "el trabajo y la productividad se aprecian al punto de excluir el placer y las relaciones interpersonales. Cuando se tiene en consideración el placer, es algo que requiere planeamiento y trabajo. Sin embargo, el individuo sigue posponiendo cualquier actividad placentera, como las vacaciones, para que nunca ocurran" (p. 326). Pero es importante ser realistas; este patrón de adicción al trabajo es una manera contraproducente de trabajar. Yo estoy agradecido por la perspectiva, el consejo y las advertencias de mis dos hijos y mi esposa, quienes me desafiaron en cuanto a los riesgos del estilo de vida del adicto al trabajo. En el trabajo mismo, mis colegas me enseñaron que es mejor no vivir como un esclavo del trabajo. La adicción al trabajo no es tan eficiente, a pesar de las protestas del trabajador compulsivo con respecto a cuánto, y qué bien y por cuánto tiempo ha trabajado. Los trabajadores demasiado escrupulosos se ven tan consumidos por la impaciencia hacia los otros colegas y la frustración por la incompetencia de los supervisores del trabajo, que esto disminuye la verdadera productividad. Al no tener la habilidad de vivir y dejar vivir, se encuentra que el trabajo es esclavizante.

En una encuesta a cien médicos elegidos al azar, A. Krakowski encontró que todos confesaban ser "personalidades compulsivas". Ochenta por ciento poseían tres de los cinco síntomas usados para diagnosticar un trastorno de personalidad compulsiva, y veinte por ciento mostró cuatro de los cinco síntomas. Estos médicos tenían problemas para relajarse, no querían tomarse vacaciones del trabajo, problemas para encontrar tiempo para la familia, un sentido inadecuado y excesivo de responsabilidad por las cosas fuera de su control, sentimientos crónicos de no estar haciendo lo suficiente, dificultad para establecer límites, sentido de culpa que interfiere con la búsqueda de placer, y la confusión de egoísmo con un sano interés de uno mismo (Gabbard 1985).

Una observación importante en cuanto a los médicos, pastores, maestros, abogados, controladores de tráfico aéreo y muchos otros, es que mientras están realizando alguna etapa crítica y específica de su trabajo, puede ser muy importante que traten de lograr la perfección. Sin embargo, el cirujano que termina su trabajo en la sala de operaciones, por ejemplo, no necesita ser un perfeccionista cuando le está enseñando a su hijo o hija a andar en bicicleta. En otras palabras, si podemos "acorralar" nuestro perfeccionismo en el área del cumplimiento de nuestra habilidad específica, podemos vivir el resto de nuestras vidas de una forma más serena.

Igual que en el caso de las personas pasivo-agresivas, a las personas escrupulosas les cuesta tomar decisiones "debido a un temor desmedido a cometer errores". En consecuencia, tienen mucha dificultad para completar las tareas. Dan vueltas con las minucias para no enfrentar la tarea como un todo.

Preocupación por la posición social

Las personas superescrupulosas son demasiado conscientes de su posición social en una estructura organizacional dada. Tienen innumerables altercados y desilusiones en las transacciones de dominio-sumisión en el trabajo o en el hogar. Una vez son sumisas y obedientes y la próxima vez están "clavadas" en su desafío testarudo e insistencia de estar al mando. Tienen el don —o la maldición— de una capacidad intuitiva para jugar a la política en la oficina o en el hogar para asegurarse de imponer su voluntad sobre el resto de la gente.

Formas religiosas de conducta demasiado escrupulosa

En el manejo del dinero de la iglesia

No siempre las iglesias eligen a una persona superescrupulosa como tesorera, pero a menudo lo hacen. Yo puedo recordar cuando me invitaron a unas conferencias en una iglesia bastante lejana. Para poder llegar a esa pequeña ciudad, tuve que tomar un vuelo indirecto. Este vuelo costaba cuarenta y dos dólares más que si hubiera tomado un vuelo directo a esa ciudad. Yo reservé el vuelo que costaba cuarenta y dos dólares más. El tesorero no me preguntó el costo de mi pasaje. ¡El ya había llamado a la aerolínea y había averiguado el precio mínimo! Yo me quedé con un exceso de cuarenta y dos dólares de gasto de viaje. Esta historia es sin importancia. Pero ilustra cuánto más importante era para este hombre una suma insignificante de dinero que su relación personal conmigo. Puedo agregar que, cuando me entregó el cheque, no me dio las gracias por mi servicio a la iglesia. Parecía que le dolía despedirse del cheque. Yo no lo tomé como algo personal porque sabía que para una personalidad compulsiva, lo insignificante lo bloquea de la gente. Además, yo no le había hecho nada injusto.

Otro ejemplo de la persona compulsiva y superescrupulosa es el director de las asambleas administrativas, que mantiene estas reuniones "en orden". Una larga serie de debates reñidos en cuanto al orden del día, procedimientos y mociones, pueden dejar exhausta a esta reunión de gente puramente voluntaria. La tensión se mantiene por la manera detallista y escrupulosa de la persona que dirige la reunión y de otros que siguen la misma inclinación. Las discusiones pueden continuar toda la noche hasta que los únicos que quedan en la iglesia son todo el quórum de gente compulsiva y superescrupulosa. Todos los demás se fueron de la reunión porque tienen que trabajar al día siguiente.

Chismes entre pecadores

Otro ejemplo de persona religiosa superescrupulosa es aquella que siente que es su responsabilidad ante Dios informar al pastor de cada mínima infracción de las reglas de la iglesia, de cualquier comportamiento inadecuado en que se "atrape" a un miembro, etcétera. "Pastor, yo creí que usted debería saber lo que sucede", es lo que ellas dicen. Se colocan a sí mismas como guardianes de la rectitud de todos los otros miembros. Si ocurre que ese individuo es el maestro de una clase de la escuela dominical o el director de un grupo juvenil, y el grupo tiene asignada cierta habitación en el edificio de la iglesia, el grupo que dirige y el lugar donde se reúnen se convierten en el dominio de la persona superescrupulosa. "¡Son míos!", es su grito de batalla. Como dice Millon, "la conducta compulsiva transmite la actitud de lo que es mío es mío y lo que es tuyo es tuyo; yo no te molesto con lo que es tuyo mientras que tú hagas lo mismo con lo que es mío" (Millon 1981:229). Ellos delimitan su territorio y lo defienden ferozmente.

Minuciosidad bíblica

Probablemente la expresión más enfermiza de superescrupulosidad religiosa se vea en la interpretación que algunos hacen de ciertos pasajes de la Biblia. Sobre *cuáles* versículos de la Biblia se centran, varía de persona a persona. La personalidad trastornada elige pasajes que estén "hechos a su medida" para sus gustos privados. Sin embargo, esos pasajes bíblicos particulares son casos de prueba, "prueba de tornasol" para la aceptabilidad del valor como cristiano de la persona superescrupulosa. Todo el otro testimonio de la Biblia y todo el consejo de Dios son irrelevantes. En esos pasajes la persona compulsiva y superescrupulosa establece su territorio respecto a la Biblia. Usted, o se queda dentro de ese territorio con la persona, o es un incrédulo, un foráneo, un extranjero a la comunidad del pueblo de Dios, en lo que a él o ella respecta.

La escrupulosidad del "maldito" religioso

Hay algo que es mucho más maligno que los casos que he mencionado. Es la vida pensante de algunas personas superescrupulosas cuando están frente a una tensión muy grande. Puede ser que haya muerto uno de sus padres, o ambos en una sucesión demasiado rápida. Puede ser que hayan perdido su trabajo debido a la quiebra de la empresa, o a que se vendió a otros dueños, o a que se fusionó con otras para formar una superempresa. Esta persona, en cuyas acciones metódicas y repetitivas los demás pueden basarse para controlar sus relojes durante el día, ahora está sin trabajo. O puede ser que su paciente cónyuge no lo soporte más y esté abandonando el matrimonio, o haya encontrado un buen empleo justo cuando su compañero compulsivo está pensando jubilarse.

En crisis así, las personas religiosas compulsivas empiezan a ser obsesivas en cuanto a la religión. Primero, se llenan de una ansiedad general. Luego, un pasaje específico, tal como Hebreos 6:4-6 p. ej., se apodera de sus pensamientos y les dice que están perdidas y fuera del alcance de Dios porque han crucificado de nuevo a Cristo como un apóstata. O sienten que han pecado contra el Espíritu Santo y por lo tanto, no tienen perdón. Se vuelven agitadas y deprimidas y se niegan a que los reafirmen y consuelen. En estos casos, están más allá de toda persuasión racional. Necesitan la ayuda de un psiquiatra que trabaje junto con un pastor capacitado como consejero. Tales individuos probablemente son depresivos clínicos y pueden tener pensamientos suicidas. Muchas veces su depresión tiene características agitadas y aprehensivas. Los lazos en los cuales los eventos los atrapan, los llenan de temores a la burla y el ridículo.

Fuentes de empatía para el superescrupuloso

Ya tenemos el cuadro de las personas que viven tacañamente, ordenadamente y obstinadamente. ¿Cómo podemos entrar en el mundo de esas personas y comprender un poco de cómo llegaron a ser así? ¿Cómo podemos aprender más en cuanto a su sufrimiento para no dañar la calidad de nuestra compasión? En la vida de la iglesia y en la práctica de la fe cristiana, tales personas mantienen unida la iglesia con su insistencia respecto al "orden", y al mismo tiempo crean el resentimiento suficiente como para deshacerla en pedazos. Son legalistas con una venganza. Pero, otra vez, ellas crean las mismas respuestas sumisas en nosotros. En su búsqueda legalista de justicia en las minucias de la ley, y en nuestras respuestas desafiantes hacia ellas, como dice Shakespeare, "Atendiendo sólo a la justicia,/ salvarnos no podríamos nosotros./ Clemencia de Dios pedimos; y ese ruego/ enseñarnos debiera a ser clementes" (*El Mercader de Venecia* IV, i, 97).

Una "conciencia innecesaria"

La ansiedad de las personas escrupulosas se encierra alrededor de la necesidad de controlarse a sí mismas y a los demás. Sus padres y maestros las educaron para "comportarse", para quedarse en la fila, y ellos supervisaban su más mínimo comportamiento. Esto no venía acompañado del abrazo cálido en el cual se sumerge la persona dependiente. En este caso, el padre castiga las acciones que ve como infracciones al control, y refuerza las restricciones con ira, amenazas y exclusión. Cuando el niño va a la escuela, los maestros lo ven como un niño "bueno". La conformidad está alimentada por el temor a la intimidación. Yo conocí al padre de una niña así después de un culto en cierta iglesia. El era un granjero. Era cálido y cariñoso hacia su hija de siete años. No sé qué clase de cuidados le daría la madre. Sin embargo, él estaba preocupado por su hija. Le pregunté cuál era el problema y me dijo: "Ella tiene una conciencia *innecesaria*". Ella tenía miedo de volver a la escuela. Allí le habían pedido que pasara al pizarrón y escribiera algo. Ella lo hizo bien. Pero, sin darse cuenta, puso la tiza en su bolsillo y se olvidó de eso hasta que llegó a su casa. Cuando se dio cuenta estaba aterrorizada por el mal que había hecho. No quería volver a la escuela por miedo a que la maestra la castigara por robar. El padre dijo: "¿No cree que esa es una conciencia innecesaria?" Yo estuve completamente de acuerdo con él y les indiqué una agencia de ayuda a las familias, sugiriéndoles que él y la madre fueran con la hija. Por supuesto, les pedí que ellos fueran muy amables con la niña y calmaran sus miedos a los padres y la maestra.

La religión como el conductor del control excesivo de los padres

Las enseñanzas religiosas se convierten fácilmente en el medio para el excesivo control de parte de los padres, tomando varias direcciones. Se enseña a los hijos que si no hacen lo que ellos les dicen, Jesús no los va a amar. Pero no les dicen, después de haber obedecido, que Jesús *sí* les ama por eso y está orgulloso de ellos. Por lo menos eso les mostraría un poco de misericordia. Ellos reciben poco o nada de aprecio por hacer las cosas que se espera que hagan. No se les agradece por su bondad espontánea. La mutilación teológica de poner condiciones al amor de Jesús, arrastra al niño a creer que Dios es un enemigo que "te va a agarrar si no tienes cuidado". Dios llega a ser un Dios "tacaño".

Ritual religioso y exceso de control paterno

Tanto la religión organizada como el niño que está creciendo, tienen una pasión por lo ritual. Cuando un pequeño está lleno de regocijo por el juego simple de atrapar algo que ha tirado, quiere "hacerlo otra vez". Un niño puede querer sentarse en el mismo lugar, en la misma habitación mientras su abuela le pela una manzana. O una niña puede querer que sólo su hermana mayor le peine y arregle su cabello. Por encima de esto, cada día brinda su estructura al niño mediante los rituales de despertarse, lavarse, comer, mantenerse limpio, ir a las diferentes actividades y descansar. En este proceso se establece una relación entre padres e hijos. Como dice Erik Erikson (1977:78), el ritual es una "profundización de las cosas comunes, una forma de ceremonial probada, y una cualidad intemporal de la cual todos los participantes emergen con un sentido de reverencia y purificación. La tristeza del superescrupuloso es que cuando el ritual pierde su cualidad comunal, se transforma en una experiencia solitaria y aislada que significa que hay algo que los está castigando mientras que a otros les proporciona paz y gozo.

Algunos rituales de la religión, tales como la confesión, el consejo pastoral, el hacer profesión de fe, el bautizarse y el asistir a todos los cultos de la iglesia, son fijados por las personas compulsivas y superescrupulosas, como ya lo indiqué anteriormente en este capítulo. Ellas llegan a ser adictas a estos rituales. Parecen estar cargadas de culpas y sufren continuas tentaciones. Hacen con ansiedad todo lo que se espera de ellas y lo hacen escrupulosamente, movidas por el temor al castigo divino. Además de esto, andan entre el resto de los miembros de la congregación vigilando a los demás. A menudo enfrentan a otros bajo circunstancias inadecuadas: "¿Por qué no viniste a la escuela dominical?" "¿No te vas a quedar al culto?" "Nunca te veo en la reunión de oración."

El aspecto nocivo de esta escrupulosidad y la incomodidad que ocasionan en otras personas, es que tales personas quedan cada vez más aisladas. La función creativa del ritual religioso es atraer a la gente a una comunidad abierta, de aprendizaje y de perdón mutuos. En el conformismo extremo de las personas superescrupulosas ocurre todo lo contrario. Ellas se vuelven aisladas a medida que la gente las evita. Otro aspecto doloroso de esta soledad es su severidad y falta de humor.

Sabiduría bíblica y comprensión del superescrupuloso

Las enseñanzas de Jesús están llenas de su resistencia a los maestros religiosos oficiales, que demandaban sistemáticamente una carga insoportable de escrupulosidad a sus seguidores. El se interesaba por las víctimas individuales. Buscaba cambiar el sistema que reforzaba y demandaba este legalismo agobiante. Compare la preocupación compulsiva por lo trivial del conformista con el descuido por el cuadro total en Mateo 23:23, 24: "Vosotros. . . diezmáis la menta y el eneldo y el comino, y dejáis lo más importante de la ley: la justicia, la misericordia y la fe. Esto es necesario hacer, sin dejar de hacer aquello. ¡Guías ciegos, que coláis el mosquito y tragáis el camello!"

Jesús veía a la gente como ovejas sin pastor, preocupadas e indefensas bajo la carga intolerable de una religión tan sofista que no consideraba la grandeza del corazón amoroso de Dios. El les habló de la carga agobiante de la religión superescrupulosa, particularmente cuando llegó a ser el único alimento provisto para un pueblo hambriento espiritualmente. El dijo: "Venid a mí todos los que estáis trabajados y cargados, y yo os haré descansar. Llevad mi yugo sobre vosotros, y aprended de mí, que soy manso y humilde de corazón; y hallaréis descanso para vuestras almas; porque mi yugo es fácil, y ligera mi carga" (Mt. 11:28-30).

El apóstol Pablo vio venir el día cuando los seguidores de este Jesús amable volverían a caer en los legalismos rígidos de los cuales habían sido liberados por la gracia de Dios en Cristo. El los reprendió por reintroducir las compulsiones ciegas de los rituales que se seguían escrupulosamente, como una huida de la vida para la cual Cristo les había libertado. El les dijo: "Ciertamente, en otro tiempo no conociendo a Dios, servíais a los que por naturaleza no son dioses; mas ahora, conociendo a Dios, o más bien, siendo conocidos por Dios, ¿cómo es que os volvéis de nuevo a los débiles y pobres rudimentos, a los cuales os queréis volver a esclavizar? Guardáis los días, los meses, los tiempos y los años" (Gá. 4:8-10).

Ellos habían regresado al ritualismo sin sentido que en sí mismo era una cruda caricatura de la fe viviente que buscaban celebrar. La tiranía de esos rituales en la "religión corporativa" pone dinero en los tesoros de los hábiles operadores del sistema. Un sistema como este llevó a Martín Lutero, el 31 de octubre de 1517, a clavar sus "Noventa y cinco tesis" en la puerta de la iglesia de Wittenberg, Alemania. Se referían a las indulgencias monetarias que se vendían en las casillas de los confesonarios. Las penitencias privadas, administradas por los clérigos, exigían dinero del penitente. De esa manera, la gente "compraba" su perdón y los méritos de Dios. Como dijo Lutero: "Ellos predican sólo doctrinas humanas que dicen que, tan pronto como el dinero suena en el plato recolector, el alma sale volando del purgatorio. Lo que es seguro es que cuando el dinero suena en el plato recolector, puede aumentar la codicia y la avaricia; pero cuando la iglesia intercede, el resultado está sólo en las manos de Dios." Ningún grupo religioso puede quedarse satisfecho y decir que esta codicia y avaricia eran un problema del siglo dieciséis. Travesuras como estas aparecen diariamente en iglesias y en "shows" religiosos por televisión. La gente cumpulsiva y superescrupulosa paga por su credulidad.

Pero la contradicción de Isaías es la gracia sanadora que necesita experimentar la persona acongojada, acorralada, no amada ni amable y superescrupulosa: "A todos los sedientos: Venid a las aguas, y los que no tienen dinero, venid, comprad y comed. Venid, comprad sin dinero y sin precio, vino y leche" (Is. 55:1).

Dios no es un Dios que siempre se pone en contra de estas personas que sienten que deben trabajar al máximo simplemente para sobrevivir en la presencia de Dios. Dios en Jesucristo es aquel que se pone al lado de ellas. No se les exige que sean perfectas, o que acumulen méritos y seguridad mediante las cosas que producen. Dios es quien levanta las cargas que por la naturaleza de nuestras limitaciones humanas, debemos inevitablemente soportar. Más que esto, Dios elimina las cargas innecesarias de resentimientos, culpas e innumerables temores. El plantó en nosotros la afinidad y la aptitud para amar incondicionalmente a Dios y a los demás por la gracia. Esta no es una gracia barata o una que pasa por alto las equivocaciones. El corazón mismo de la gracia es el perdón de los errores, las tentaciones y los pecados. Las personas superescrupulosas necesitan que se les vivifique esta clase de mensaje en relación con sus vidas. Dios ha actuado en Jesucristo, y nos capacita para que seamos "benignos unos con otros, misericordiosos" perdonándonos unos a otros como Dios nos perdonó a nosotros en Cristo (Ef. 4:32).

Cómo convivir, trabajar con y cuidar a las personas superescrupulosas

Las personas superescrupulosas han estado demasiado controladas en los años formativos de sus vidas. Si van conduciendo un automóvil, van con el pie constantemente en el freno. Si es usted quien maneja y ellas van a su lado, van con los puños apretados, se sientan en el borde del asiento y supervisan todo lo que usted hace. ¡Este puede ser un viaje que pone nervioso a cualquiera!

¿Cómo se puede convivir, trabajar junto a y cuidar de tales personas? Debemos tener en mente que ellas están más dispuestas a seguir sufriendo sus ataduras que a liberarse de ellas y entrar a la libertad de una vida de espontaneidad y gracia. Se han acostumbrado a su carga. Hay varias sugerencias concretas que son útiles.

Preste atención a sus músculos y respiración

Estas personas están llenas de tensiones internas. Esto se muestra claramente en los músculos de sus manos y cara, en la manera en que se sientan, en la forma en que caminan de un lado a otro y en su respiración trabajosa. En las personas que no tienen obstrucciones físicas en su sistema respiratorio, la respiración no es algo que necesita esfuerzo. ¡Sale sola! Estos signos de tensión son mensajes no verbales a los que paciente y compasivamente debemos atender, con nuestros ojos tanto como con nuestros oídos. El comienzo de un ministerio de aliento a estas personas es hacer que lenta y deliberadamente vayan más despacio. Recuerde: ellas pueden pensar que usted es otro supervisor o competidor. No acepte ninguno de estos papeles en el drama de sus vidas. Usted es quien decide su papel: no son ellas quienes automáticamente le asignan su parte. Elija el papel de un personaje a quien ellas no han incluido en su guión, uno que les sea extraño: *Sea un espíritu alentador.* Si ellas insisten en considerarlo como un instructor del ejército que demanda conformidad y precisión, usted puede emitir una orden que la persona compulsiva tienda a no escuchar: "¡Descansen!" Todo verdadero instructor competente del ejército tiene su sentido del humor, amabilidad y aliento debajo de sus demandas de obediencia.

Reducción, manejo e interpretación del estrés

Como personas encargadas de dar aliento, usted y yo podemos penetrar el mundo de los compulsivos y superescrupulosos con una calidez y empatía genuinas, cuando nos hacemos compañeros de tensiones con ellos. Las situaciones específicas y recurrentes de estrés se pueden revisar en detalle, y se les pueden enseñar los pasos para comprender, reducir y manejar el estrés. Como ellos son tan dados a las "reglas" de conducta, tienden a sustituir las reglas creativas y adaptables que usted les ofrece, por algunos de sus rituales más destructivos y desgastantes. Las personas superescrupulosas caen en la categoría de la personalidad del Tipo A. Muchas veces las personas agotadas vienen a nosotros y se abren al diálogo en relación con su agotamiento o algún dolor físico que ha sido generado por el estrés duradero y sus emociones agitadas. Este es el momento apropiado para enseñarles y alentarles respecto a cómo pueden manejar el estrés y disfrutar más de la vida.

Este enfoque no coloca a estos individuos en el papel de "enfermos", aunque el desgaste del estrés deja sus huellas en la salud del cuerpo. Más bien nos capacita a nosotros para presentarnos como compañeros para compartir sus cargas y alentarlos a que se unan a muchos otros para quienes la vida había llegado a ser difícil de sobrellevar pero que ahora la ven como una fuente de gozo mezclada con algo de responsabilidad.

Interrupciones creativas a las demandas incesantes

Las constantes demandas que las personas superescrupulosas hacen para sí mismas, para sus compañeros de trabajo y para sus familiares, son como un torniquete a todo su sistema de relaciones. No son sólo sus cuerpos los que muestran el desgaste; también lo hacen sus matrimonios. Como me dijera una de esas personas: "El trabajo empieza a dejar de ser algo que uno hace. Se transforma en algo que uno es. Y termina siendo *todo* lo que uno es." Si como cristianos creemos que el matrimonio es un proceso mediante el cual dos personas llegan a ser una sola carne, entonces es inevitable que el cónyuge de la persona superescrupulosa comience a sufrir. Esto puede ser nuestra puerta de acceso a la confianza de la persona. La amenaza de abandono, separación, o divorcio o la conducta fingida de un cónyuge o un hijo, consiguen llamar la atención de las personas compulsivas y superescrupulosas cuando las esperanzas de una perspectiva correcta de su parte fracasan. Esto da origen a una crisis familiar. Usted, como pastor, familiar, amigo, o compañero de trabajo se transforma en su confidente.

Algo que puedo proponerles es que la familia haga una salida fuera de la rutina regular. Esta salida puede ser un viaje de cuarenta y ocho horas a un parque cercano, o un fin de semana a precios económicos en un motel cercano. Esta interrupción logra romper el torniquete que la rutina impone sobre su estilo de vida. Si a la familia le gusta acampar, esta salida resulta aún más económica. Esta intervención desafía a la mezquindad de la persona superescrupulosa y tacaña. Es un tipo de inversión diferente, una inversión en relaciones, no en posesiones que pueden ser acumuladas. La inversión en relaciones no se corroe, las polillas no se la comen, ni los ladrones pueden robarla.

Si esta receta para la familia resulta benéfica, entonces esto se puede transformar en un ritual que reemplace algunas de las marchas de trabajo forzadas en que el padre o la madre compulsivos usan sus fines de semana. Sugiérales que la prueben; ¡puede ser que les guste!

Las interrupciones también pueden ser algo más barato, más breves y pueden ser de un solo día. Un ritual de relajarse puede al mismo tiempo adaptar y aliviar la tensión de la forma de ser tan ordenada de la persona. Por ejemplo, puede interrumpirse un día con el proceso simple de una respuesta de relajación que describe Herbert Benson (1975:27). El sugiere que la persona se tome veinte minutos dos veces por día y haga cuatro cosas:

1. Encuentre un lugar tranquilo en su trabajo o su hogar donde no sea interrumpido.
2. Elija un "recurso mental" tal como una palabra, color o imagen serena favoritos, o un recuerdo tranquilizante y centre su atención en él, repitiéndolo varias veces en su mente.
3. Adopte una actitud pasiva y receptiva que le permita "recibir" del aire que respira y del mundo del que forma parte, en vez de una

actitud activa, pujante, agresiva, acaparadora y aprovechada.

4. Mantenga una postura física cómoda, eliminando todas las presiones, tensiones y demandas de su cuerpo.

Si la persona que practica esta respuesta de relajamiento es religiosa, toda esta experiencia puede ser una experiencia de oración. Sin embargo, la actitud al orar debe ser la de pensar en Dios como el que sustenta, alienta, renueva, sana y es un amigo. Los pensamientos de Dios como supervisor y castigador son *verboten*, prohibidos. La invitación de Jesús: "Venid a mí todos los que estáis trabajados. . . y yo os haré descansar", es una buena elección como un pensamiento para fijar en la mente.

Pensar acerca de Dios

La pregunta principal que usted y yo podemos dirigir a las personas superescrupulosas es: "¿Cómo es *su* Dios?" Estas personas tienden a tener un Faraón como su dios. Es un dios que les demanda constantemente, que espera que fabriquen "ladrillo sin darles la paja", para quien el trabajo de ellas es el único acceso hasta él (o ella). Este dios nunca dice: "Tú eres mi hijo o hija amado en quien tengo contentamiento". Si ellas son cristianas, Jesús es aquel que espera que rastreen tierra y mar haciendo conversos para él. Si no lo hacen en cada hora del día, sus propias almas están en peligro del fuego del infierno porque fracasaron en testificar para él. El es aquel que no perdona la más mínima transgresión. Esos individuos tienen que confesarse constantemente o tienen que clamar por la salvación una y otra vez.

La percepción que usted y yo queremos transmitir mediante nuestra presencia y nuestras respuestas, es la de un Dios de liberación de la esclavitud de hacer ladrillos sin paja, un Dios de participación con ellos como colaborador en la creación, un Dios de redención y liberación del peso de la culpa, la vergüenza y el pecado, un Dios que es "grande en misericordia" y cuyo amor es más amplio que la medida de la mente de una persona. Esta es la idea que queremos transmitir a estas personas sobrecargadas que soportan el peso del mundo.

Es mejor transmitir este tipo de relación con Dios sobre la base de un peregrinaje continuo de dirección espiritual. Las relaciones terapéuticas, a largo plazo, si es que la persona elige ese rumbo, son más alentadoras y productivas en sus vidas. Pocas veces ocurren los cambios dramáticos y repentinos, y el "evangelismo instantáneo" se adapta demasiado fácilmente a sus rituales compulsivos. De ahí que sea mejor relacionarse con la condición de estas personas, sea en el consejo individual o en pequeños grupos, a través de una paciente guía espiritual día por día y una atención semana tras semana.

7

LA MASCARA DEL AISLAMIENTO DE LA VIDA

Algunas personas viven un estilo de vida *aislado* de los demás, pero no todas se aíslan de la misma manera.

Algunos se aislan en forma pasiva. Se sienten tan despojados emocional y socialmente que no se atreven a pensar que pueden tener alguna importancia especial para otros. Como dice Harry Stack Sullivan (1947:41), ellos "no alcanzan a comprender la posibilidad de que otras personas pueden valorarlos y apreciarlos". Creo que en su oración estas personas son como el publicano en la parábola de Jesús. Ni siquiera levantan sus ojos al cielo, porque asumen que Dios tampoco las aprecia.

Otro grupo de personas se aísla activamente. Evitan a propósito formar relaciones duraderas con otras personas. Quieren que de antemano se les asegure en forma fuerte y absoluta que serán aceptadas sin críticas y en sus propios términos. Se sienten humilladas fácilmente y son hipersensibles al rechazo. Como resultado se alejan de la mayoría de la gente. Son personas que establecen pactos de "una sola vía" —es decir, que su relación con los demás es en *sus propios* términos. Como dice DSM III: "Puede ser que tengan uno o dos amigos íntimos, pero éstos son eventuales e incondicionales" (p. 323).

DSM III identifica al primer tipo de personas aisladas como personalidades "esquizoides" o "asociales". El segundo grupo son las personalidades "elusivas". En esta discusión, prefiero mantenerlas en la relación de uno con el otro en un solo capítulo para que podamos mantener en el foco de nuestra atención la característica principal de aislamiento. Su única diferencia, sin embargo, es que las personalidades esquizoides se aíslan socialmente y muestran poco deseo de relaciones sociales, mientras que las personalidades elusivas ansían aprobación y aceptación. Pero las personas elusivas exigen una lealtad tan ilimitada a los demás, que pocas personas quieren relacionarse con ellas. En contraste con los individuos que se aíslan pasivamente, no están despreocupados sino superpreocupados. El resultado final de aislamiento es el mismo. Consideraremos primero la personalidad esquizoide, asocial y pasiva, y luego el trastorno de personalidad del elusivo y activamente aislado.

La persona aislada pasivamente

No piense que las personas aisladas pasivamente son excéntricas en su forma de hablar, de pensar o en sus modales. No son así. Es muy probable que se las encuentre en todos los estilos de vida.

> Ellas aparentan ser despreocupadas e indiferentes, y funcionan adecuadamente en sus ocupaciones, pero sus asociados las juzgan como algo tímidas y descoloridas, pareciendo preferir estar solas y no teniendo necesidad de comunicarse o relacionarse afectivamente con otros. Se quedan típicamente en un rincón de la vida social, trabajan en silencio y sin interferir con nadie, y pocas veces aquellos con los que tienen contactos rutinarios advierten su presencia. Preferirían esfumarse de la escena y vivir sus vidas tangencialmente, sin que se les moleste y sin llamar la atención, si no fuera por el hecho de que hay personas que esperan o desean que sean más vibrantes, vivaces y se relacionen más. (Millon 1981:273)

Esta semblanza resumida puede traer a su memoria muchos compañeros de escuela, de trabajo y familiares. Sin embargo, si usted llegara a estar casado con alguien con este estilo de vida aislado, puede que viva una vida de frustración al esperar calor, afecto y demostración de amor. No los va a encontrar. Usted puede pensar que la persona no lo ama *intencionalmente,* o no lo cuida o no tiene ningún sentimiento hacia usted. Sin embargo, no siempre es así. El o ella es intrínsecamente suave, indiferente e imperceptivo a sus necesidades.

El rasgo más importante de la persona asocial y aislada pasivamente es la pobreza de sentimientos y de pensamiento. Vivimos en una cultura aduladora, que valora mucho a las personas extravertidas. Esto es cierto especialmente en la vida eclesiástica. Las iglesias quieren pastores que se relacionen fácilmente con la gente, que tengan mucha iniciativa hacia los demás y que sean afectuosos y vibrantes. Cuando consiguen un pastor así, éste a su vez presiona sobre cada miembro de la congregación para que sean extravertidos, para que saluden calurosamente a las visitas y para que den la mano y saluden a la persona que tienen al lado en el banco.

En una atmósfera como esta, las personalidades asociales y pasivamente aisladas no se sienten alarmadas, enojadas ni hostiles frente a tales demandas. Si no es de su agrado, simplemente hacen los movimientos mecánicamente y sin sentimiento. La chatura de sus emociones deja asombradas a las personas extravertidas. Sin embargo, hay tareas que las personas aisladas se sentirán gustosas de hacer, como preparar sobres para cartas de la iglesia, por ejemplo. Un trabajo así sacaría de las casillas a la persona pujante, aduladora y extravertida.

Con respecto a la vocación, las personas que se alejan y se separan de los demás, pueden desempeñar bien los trabajos solitarios. El guardabosques que pasa gran parte de su tiempo solo, puede ser esta persona asocial y desempeñar bien su trabajo. Yo he notado, por ejemplo, que aunque algunos bibliotecarios son personas muy sociables, hay otros que no lo son y que cumplen bien su trabajo específico pero viven existencias solitarias y aisladas. Esto no quiere decir que sean *mejores* bibliotecarios, sino que el tipo de trabajo atrae a personas aisladas y asociales.

Los maestros y profesores que enseñan a la gente asocial y son responsables de capacitarlos para empleos remunerativos, se sienten presionados a ubicarlos en aquellas tareas que les permitan trabajar solos. De la misma manera, he advertido que en las escuelas profesionales y superiores un buen número de estas personas que se separan de los demás gravitan en torno a tipos de trabajo aislados, como trabajo de laboratorio experimental, traducción abstracta, radiología, patología, etc. Pero cuando se les saca de su absorción en el mundo de los objetos y se les lleva a la interacción social con otras personas, se quedan mudas, dolorosamente tímidas y parecen los floreros de la habitación.

En uno de sus primeros libros, Seward Hiltner presentó la descripción de una persona así. Era una joven de diecinueve años que había finalizado la escuela secundaria un año antes y estaba interesada en las artes. Los pastores de su iglesia se habían enterado de las necesidades de la joven, a través de otras personas del grupo de la iglesia en la cual ella participaba. Estas personas dijeron a los pastores que les costaba mucho conseguir que ella se sintiera cómoda en el grupo.

Cuando uno de los pastores conversó con la joven, su respuesta fue que ella no tenía mucho en común con los demás en el grupo porque ella era mayor. Los demás tenían sus trabajos y ella no había podido conseguir uno en el campo del arte que le gustaba. Su concepto de sí misma era: "Oh, no sé, yo no soy muy buena en nada. Me gusta dibujar y pintar, pero sé que nunca voy a poder vivir de eso. . . hay tanta competencia —bueno, yo ya no pienso más en eso." Ella continuó diciendo que prefería no salir a bailar con un grupo y tampoco quería unirse a ningún coro. El pastor dice que él "perdió el tiempo al tratar de que ella se involucrara en alguna actividad social". Hiltner (1952:49, 50) sugiere que con esta gente tímida "nosotros podemos expresar un interés y comprensión genuinos sin que nos domine el interés escondido de que ellos mantengan la actividad en el grupo. Y podemos ser pacientes, sabiendo que después de haber hecho eso, debemos esperar la acción del Espíritu Santo para hacer que la persona esté lista para buscar ayuda si la necesita".

Sin embargo, uno de los aspectos más gravosos de las personas encerradas en sí mismas y asociales es que no *interesan* a los demás. Por el contrario, tienden a aburrirlos. Cuando uno trata de establecer una amistad personal, una relación en la iglesia, o una relación individual a nivel de consejo, ellas no retoman las cosas en el punto en que quedaron en la última vez que estuvieron juntas. Hay que empezar otra vez desde el principio a desarrollar cierto grado de calidez. Después de muchas veces de volver a empezar, muchas personas abandonan el intento. Esto hace que las personas asociales confirmen su asunción automática de que no tienen valor, y que simplemente es natural que la gente no vea nada atractivo en ellas. A su vez, ellas siguen siendo como son; evitando al mismo tiempo tanto el esfuerzo como el sufrimiento involucrados en las relaciones interpersonales.

En consecuencia, al tratar de ayudar a estas personas asociales y encerradas en sí mismas, uno queda atrapado en el dilema entre su propio imperativo de interesarse, abrigar sentimientos de afecto y gozar con esas personas por un lado, y el hecho de que ellas lo aburren, no muestran afecto hacia uno y no parecen gozar del placer de su compañía.

Este dilema da origen a un círculo vicioso. La persona no se interesa en nada de lo que usted menciona. Todo llega a un "punto muerto" al final de cada intento suyo de interesar a esa persona, cuando ella responde con un "Bueno", "Oh", "¡No me diga!", "Si" o "No". Entonces usted pierde interés y abandona su intento. Erich Fromm (1973:273) destaca el aspecto humano de esta lucha:

> Si alguien dice, "estoy aburrido", generalmente está expresando algo en cuanto al mundo externo, indicando que éste no le provee estímulos interesantes o atractivos. Pero cuando hablamos de una persona que aburre a los demás, nos referimos a la persona en sí,

a su carácter. No nos referimos a que hoy nos aburre porque no nos contó nada interesante; cuando decimos que es una "persona que aburre", queremos decir que es aburrida *como persona*. Hay algo en ella que está muerto, falto de vida, chato.

Pocas veces nos dedicamos a la condición espiritual profunda de *ser* aburridos. Soren Kierkegaard (1944:238) dice: "El aburrimiento es la raíz de todos los males, y como tal debe mantenerse a distancia. El aburrimiento es propiamente la habilidad innata del genio, y parcialmente una inmediación adquirida." El lo relaciona con el tedio y dice en forma autobiográfica:

> Qué terrible es el tedio —terriblemente tedioso; no conozco otra expresión más fuerte, porque sólo se puede conocer la semejanza por lo semejante. Si hubiera alguna expresión mejor y más fuerte, entonces por lo menos habría un movimiento. Yo me quedo acostado, inactivo; la única cosa que veo es un vacío total. La única cosa en la que me muevo es en ese vacío. No siento ni siquiera el dolor (Kierkegaard 1944:29).

A mi parecer, lo opuesto al aburrimiento es la curiosidad. En el marco de comprender y responder a la situación espiritual de la persona apática y asocial, ¿podemos lograr que ingrese a su ser el afecto de la respuesta y el interés chispeante de la curiosidad?

La situación espiritual y la renovación de la persona pasivamente aislada.

Una consideración de su sentido de inutilidad

El aspecto espiritual más significativo en el perfil de las personas pasivamente aisladas es su sentido de inutilidad, su continuo rebajarse a sí mismas. Parecen tener una incapacidad nativa para expresarse verbalmente, afectuosamente o hacerlo con vigor. El mundo responde a estas personas haciéndolas sentir que son inútiles, sin ningún valor, que deben ser empujadas hacia un lado por un mundo agresivo, que toca y que siente. No se requiere conversar con ellas mucho tiempo para que surjan estas evaluaciones personales de sí mismas. En la síntesis del caso que presentó Seward Hiltner, la mujer dice: "No soy muy buena... no soy muy buena en nada... no voy a llegar a ningún lado... realmente, no vale la pena." En vez de tratar de empujarla hacia una actividad social mayor, Hiltner sostiene que es mejor concentrarse en este sentido de inutilidad, desafiarlo, y negarse a estar de acuerdo con él. Esto no debe hacerse en forma agresiva; simplemente se puede llamar la atención a la evaluación que la persona hace de sí misma y *preguntarse* dónde empezó todo. Este cuestionamiento puede ayudar a que usted no se aburra. Hasta puede ser el principio de la curiosidad de la persona. Un cuestionamiento mutuo en cuanto a los pensamientos automáticos que surgen de su conversación es un tema de prioridad principal para una agenda prolongada.

Debemos admitir que esa persona puede haber tenido una actitud de falta de respuesta desde su nacimiento y, como resultado, los padres pueden haberle dado muy poco cariño y afecto. El niño "promedio" que nace con un equipo neurológico normal, puede resultar de la misma manera. Puede que haya sido criado por padres estoicos, faltos de afecto, impersonales y fríos. Esto no hace que estas personas sean inútiles, aunque ellas pueden llegar a esa conclusión. Ellas tienen valor. Cuando usted o yo desafiamos este concepto, presentándolo como estando en contradicción con la imagen de Dios en la cual ellas fueron formadas, este puede ser el principio de un vislumbre de sorpresa en ellos. Como dijo Jesús, puede ser que piensen que ni tienen el valor de un gorrión, pero Dios no se ha olvidado de ellas y las valora mucho más que a los gorriones. Ellas no deben tener miedo. Son de mucho valor. Están hechas a la imagen de Dios y han sido compradas con el precio de la vida de Cristo.

Preste atención a sus mensajes no-verbales

La pobreza de la respuesta verbal de las personas pasivamente aisladas puede distraer la atención de sus mensajes no-verbales. Por ejemplo, estas personas se casan. Generalmente se casan con alguien agresivo, conversador y que toma prácticamente toda la iniciativa en el noviazgo y en la planificación para el matrimonio. Después de haber establecido una rutina diaria al estar casados, el cónyuge más agresivo se propone "cambiar" a su compañero pasivamente aislado. Esto resulta en frustración. En la terapia matrimonial y familiar, es el cónyuge agresivo el que busca ayuda. Una de sus quejas es que su compañero no le demuestra amor y cariño. Los compañeros pasivamente aislados no le *dicen* a sus cónyuges que los aman, ni son los que generalmente van a iniciar una relación sexual.

Se debe alentar a los cónyuges agresivos a que observen las formas no-verbales mediante las que sus compañeros les hacen saber las cosas. Puede ser que el esposo no-verbal repare un aparato del hogar, o vaya a buscar a su esposa al trabajo en un día lluvioso para que ella no tenga que viajar en el autobús, o se quede cuidando los niños para que la esposa tenga algo de tiempo para ella. Ella se casó con una persona muy tímida, ¡y los tímidos hablan de esa manera!

En el consejo pastoral los aislados sociales a veces prefieren escribir lo que tienen que decir y entregárselo al consejero en el comienzo de una entrevista. O puede ser que hagan algo para el consejero, como un trabajo bordado, algo artístico, o algo culinario. Estos mensajes no-verbales están expresando lo que ellos piensan. Yo he descubierto que a veces estas personas resultan tener mucha experiencia en escribir cartas.

Estas formas de comunicación no-verbal son el terreno de la terapia expresiva. Sus medios incluyen arte, escritura, pantomima, danza, música y terapia con un animal mimado. Utiliza todos los medios posibles de prestar atención a los mensajes de las personas poco comunicativas para establecer una relación duradera.

La consagración de la vida solitaria

El aislamiento social de las personas encerradas en sí mismas y asociales dice algo en cuanto a lo que está faltando en nuestra formación excepcionalmente gregaria de la comunidad cristiana. Aun un ermitaño en el desierto ora teniendo en mente alguna iglesia lejana. Pero esta apreciación de la solitud es difícil de encontrar en la vida de las iglesias.

La vida monástica de las iglesias católica, ortodoxa y, hasta cierto punto, anglicana, brinda una estructura cuidadosamente definida e históricamente probada para que las personas vivan vidas de alabanza a Dios mediante las disciplinas de castidad, pobreza y obediencia. Algunas órdenes, como la de los Trapenses, construyen su vida comunitaria en torno a un núcleo de silencio. De la misma manera, la comunidad de los cuáqueros promueve el silencio y las oraciones vespertinas no verbales en vez de las verbales. Las reuniones no programadas eliminan el hablar del centro de la vida de adoración a Dios. Puede agregarse que también hay una consagración del fruto de las manos en el trabajo manual.

Dios debe estar tratando de decirnos algo significativo en cuanto a la importancia de la inteligencia manual junto a la inteligencia mental a través de pruebas tales como la Escala de Inteligencia del Adulto Wechsler. La inteligencia no-verbal usa una parte importante de la productividad creativa mundial. Me parece que el consejero pastoral y la comunidad cristiana tienen una herramienta especial para afirmar la solitud de la persona asocial, una herramienta que no está disponible en el mundo empresarial altamente competitivo, en el comercio y en todos los aspectos de la sociedad que ponen tanto énfasis en llevarse bien con los demás. El mismo Jesús, cuando deseaba orar, no iba solamente a la sinagoga como era su costumbre. La Biblia también relata que: "Levantándose muy de mañana, siendo aún muy oscuro, salió y se fue a un lugar desierto, y allí oraba" (Mr. 1:35). El salmista declara: "Padre de huérfanos y defensor de viudas es Dios en su santa morada: Dios hace habitar en familia a los desamparados" (Sal. 68:5, 6). Jesús dijo: "No os dejaré huérfanos; vendré a vosotros" (Jn. 14:18). Considerando que las personas asociales mantienen distancia y no tienen sentimientos profundos hacia otras personas, usted y yo podemos aprender algo valioso de ellas —el valor de distanciarnos más del estímulo excesivo de la miríada de asociados, grupos y multitudes en la cual nos sumergimos diariamente. Al aprender a apreciar a las personas aisladas socialmente, podemos expresar esa gracia de la que se han visto privadas por tanto tiempo —el hacer que se den cuenta de que son apreciadas y amadas así como son. Podemos establecer un contacto con esa calidez que está profundamente escondida en el centro de su ser. Una vez que lo hayamos hecho, podemos encontrar en ellas amigos confiables y duraderos para toda la vida.

La persona activamente aislada

Recientemente los diagnosticadores psiquiátricos han hecho una separación entre las personas aisladas activas y las pasivas. Al hacerlo ellos han advertido la diferencia marcada entre los patrones de crecimiento de estos dos tipos de personas aisladas y solitarias.

Las personas aisladas pasivamente generalmente tienen una historia en la que se les ha *negado* la calidez, el afecto y el estímulo mental. Por el contrario, la persona aislada activamente, no sólo ha experimentado esa negación sino que, además, ha recibido rechazo, burla, desprecio, denigración, menosprecio y humillación. El término inclusivo más común para esto actualmente es "abuso verbal". Como resultado, se ha ido formando en su vida una incapacidad emocional e intelectual. Ellas han aprendido a esperar ser tratadas así por los demás. Tratan de evitar cualquier rechazo y humillación posibles. Theodore Millon les dio un nombre de diagnóstico —personalidades *elusivas*.

Bien puede ser que estas personas sean las que están más seriamente dañadas de las que hemos discutido hasta ahora. Ellas son las más propensas a trastornos de ansiedad, trastornos fóbicos, trastornos obsesivo-compulsivos, enfermedades físicas, depresión crónica y trastornos esquizofrénicos, cuando se les derrumba su repertorio de mecanismos para evitar relacionarse con los demás. Por lo tanto, necesitamos toda la ayuda que podamos obtener de las personas entrenadas profesionalmente, para procurar que estas personas seriamente dañadas sean restauradas con paciencia a su merecida herencia de seres humanos que llevan la imagen de su Creador. Si al observar a una familia, vemos abuso verbal, humillación o ridículo de los hijos pequeños, necesitamos tener la valentía suficiente como para inmiscuirnos en el sistema familiar y sugerir que los padres hablen con su pediatra o con una agencia infantil o familiar en cuanto a la tensión e inseguridad del niño. Si en la escuela el niño muestra una disminución marcada de su sentido de competencia y confianza personal, el maestro debe animar a sus padres a concurrir a algún centro de ayuda infantil. En grupos de adolescentes, si detectamos que algún joven está siendo objeto del ridículo continuamente, podemos intervenir para solucionarlo demandando que todo el grupo se detenga a discutir cuál es el problema. ¿Por qué eligieron a esta persona? ¿Por qué no dedicar algo de esta atención negativa a otros, si tienen que hacerlo? Luego piensen, ¿tienen que hacerlo? La atención personal hacia quienes están sufriendo humillación, cuando se brinda con un genuino deseo de fomentar su autoestima, puede empezar a crear un sentido de verdadero aprecio y confianza.

El mundo de las suposiciones del adulto aislado activamente

Para cuando la persona ha llegado a su adultez temprana, los patrones de conducta de aislación activa ya están completamente desarrollados. Estas conductas se basan en la suposición de que *toda* la gente con la que se encuentran van a rechazarlas, humillarlas, ridiculizarlas y denigrarlas constantemente, así como lo hicieron quienes eran responsables de criarlas. Ellas viven suponiendo que lo que sus padres, y quizá sus hermanos, decían de ellas es cierto. Por lo tanto, deducen que no tienen ningún valor frente a sí mismas y a los demás. Cualquier cosa que logran realizar es "nada". Sus fracasos personales las llenan de desánimo. Suponen que el mundo es un lugar cruel; por lo tanto, hace tiempo que llegaron a la conclusión de que la vida es difícil de sobrellevar. Enfrentan la vida con emociones mezcladas de tristeza, ira, soledad y un sentido de alienación respecto a los demás.

La conducta resultante de la persona aislada activamente

Con un panorama como este, las personas elusivas responden retirándose excesivamente de la sociedad. Son extremadamente reticentes a formar relaciones personales por el temor a que les hieran. Su "maquinaria de distanciamiento" trabaja horas extras. No están dispuestas a involucrarse en compromisos sociales o vocacionales. Viven sus vidas en la periferia de la acción, con respecto a sus esferas sociales y vocacionales. Por ejemplo, si usted quiere incluirlas en las actividades de la iglesia, ellas van a exagerar su inutilidad y les rogarán que no les haga prometer que van a asistir, participar o dirigir algo.

Además, son supersensibles al rechazo y los desaires, y permanecen muy alertas al menor signo de molestia social, degradación y humillación. El comentario o la acción más inocente que hagan los demás, lo toman como un insulto personal. Un pequeño toque de humor puede ser para ellas un caso nacional de ridículo.

A medida que se aventuran con mucha cautela y reserva a cualquier tipo de relación personal con un individuo o grupo, se protegen excesivamente a sí mismas. Exigen que los demás les brinden seguridades y garantías muy elaboradas. Pero esperan que se las acepte incondicionalmente y sin críticas. Cualquier vislumbre de una respuesta negativa resulta devastador y catastrófico. Son supervigilantes y están siempre buscando y esperando el rechazo.

El resultado final de estas suposiciones y conductas es crear lo mismo que ellas temen. Como dice Shakespeare en cuanto a la culpa, "se derrama a sí misma por temor a derramarse". Como declara Proverbios 28:1, el elusivo "huye . . . sin que nadie lo persiga". La gente pierde la paciencia con ellos, terminan molestándose y quieren tener la menor relación posible con ellos. Pocas personas se paran, miran y escuchan cuando se presentan estas respuestas exageradas. Es probable que los demás digan que la vida es demasiado corta como para hacerse problema por gente así. O puede ser que tengan bastantes problemas ellos mismos y no quieran preocuparse con estas personas que comunican mensajes mezclados de afecto y desconfianza al mismo tiempo.

Sin embargo, si usted es diferente y puede pasar por alto estas reacciones exageradas de las personas elusivas, puede ser que se sienta intrigado por las dimensiones más profundas y agudas de las mismas. Uno puede suponer correctamente que usted no es la única persona hacia la cual reaccionan como lo han hecho. Ellas también confunden a otros con distorsiones creadas por su desconfianza. Si usted se detiene y presta atención a su aislamiento, su separación, su soledad esencial, puede ser que llegue a escuchar las voces interiores del pasado de estas personas diciéndoles: "Tú no sirves. Eres estúpido e inútil. Desearía que no hubieras nacido. Desearía no haberte visto nunca." El abuso verbal se escucha ¡veinte o treinta años más tarde! Hoy ellas son supersensibles, protegiéndose fuertemente contra cualquier dolor emocional, real o imaginario, como lo principal en sus vidas. Se separan de los demás y se esconden bajo una capa protectora de falta de importancia, insignificancia y modestia. De esa manera construyen defensas contra un mundo al que consideran como violento. Entonces, uno puede apreciar fácilmente todo lo vulnerables que son. ¿Cómo se puede relacionar efectivamente con ellas?

Aspectos espirituales y cuidado del aislado activo

Respuestas reflejas a la injusticia

Cuando usted o yo nos proyectamos dentro de la situación de un niño, un jovencito o un adolescente que está recibiendo sin misericordia ni perdón los abusos verbales de un adulto, experimentamos un profundo sentido de injusticia hacia él. Yo he oído a padres hacer esto en lugares públicos tales como un restaurante. He interrumpido algo así en sesiones de consejo familiar. Me he encontrado atrapado entre dos fuegos, al presenciar cómo se exponía humillantemente a niños y jóvenes en iglesias que he pastoreado. Tenemos un compromiso en cuanto a lo que Dios espera de nosotros, como lo anunció Miqueas, a hacer justicia, amar misericordia y humillarnos ante Dios. Pienso que la intención de Dios en relación con los niños es cambiar, transformar y convertir los corazones de los padres hacia un trato a sus hijos que sea justo, misericordioso y humilde.

Por lo tanto, cuando siento que las personas se están aislando activamente de quienes están más cerca en sus vidas, creo que la primera preocupación profundamente religiosa que expresan es un reflejo mecánico de injusticia que tiene sus orígenes en sus años formativos en cuanto al mundo que les rodea. Su sentido de la injusticia es tan agudo que el más mínimo roce las hace entrar en acciones descontroladas. La distancia que ellas crean les es tan necesaria que volver hacia atrás y tomar un ritmo más paciente y lento al edificar una relación que avanza poco a poco en lugar de dar grandes pasos, es la mejor parte de la sabiduría y la parte más importante de ser considerados. Esto es actuar, como diría el apóstol Pablo, "conforme a ciencia".

Antes de que todo el tema de la hipersensibilidad innata a la injusticia forme parte de la agenda para brindar dirección espiritual, debe tratarse de eliminar gradualmente la *desconfianza* de las personas aisladas activas. Estas personas han abandonado la esperanza de poder ver la bondad de Dios en la tierra de los seres humanos vivientes. Como dice Erik Erikson (1964:118): "La esperanza es la creencia duradera en la posibilidad de obtención de los deseos más fervientes, a pesar de los impulsos oscuros y las furias que marcan el comienzo de la existencia." En los comienzos de su existencia, los individuos elusivos estuvieron saturados de injusticias, lo que ocasionó que perdieran la esperanza de que *alguna* relación humana pudiera ser justa, misericordiosa y humilde.

En consecuencia, el comienzo de la confianza radica en ser la fuente de una esperanza que crece lentamente para estos seres humanos tan demandantes. Para hacer esto, son necesarios acuerdos claros que se mantengan cuidadosamente y que estén abiertos a ser probados y cambiados. A medida que ocurre cada intento de quebrar esos acuerdos con usted o conmigo, podemos seguir manteniendo nuestra relación si lo vemos como una prueba y no como un rechazo personal. Generalmente, cuando hago alguna promesa a la gente en general, pero específicamente a las personas elusivas, prefiero prometer poco y hacer más de eso, que prometer mucho y hacer menos.

A medida que su dirección espiritual y la mía se van haciendo más confiables y muestran signos crecientes de esperanza, va a surgir en forma bastante natural el interés principal de la historia de injusticias que han sufrido, especialmente en sus años formativos. El hecho de volver a encuadrar esos "impulsos oscuros y furias" que experimentan y llamarlos *sentimientos de injusticia* puede crear muy bien lo que David Augsburger llama "interpatía", en contraste con la empatía. Empatía es ese proceso en el cual uno se coloca imaginariamente en el lugar de otra persona. La interpatía reconoce que no se puede hacer eso, pero que uno está dispuesto a aprender de la otra persona lo que significa ser como ella es. Si usted y yo no provenimos de una herencia de humillación personal, menosprecio y ridículo, somos algo falsos al decir que "sabemos" cómo se siente. Sin embargo, compartimos una pasión común por la justicia y queremos que ellos nos enseñen en cuanto a las injusticias que han sufrido. Si no hemos sido prematuros, existe la esperanza de formar y mantener una alianza genuina. Si nos apresuramos a afirmar que "sabemos" cómo se sienten, ellos se apresurarán más a decirnos "nadie conoce mis problemas".

Promesas y desilusiones

Como he dicho, es muy importante prometer poco y hacer más al relacionarnos con las personas aisladas activas. De la misma manera es peligroso exigir promesas de ellas. En este respecto, las demandas de la iglesia de que la gente establezca compromisos a largo plazo, caen en oídos sordos. Podemos aprender mucho al considerar cómo los alcohólicos hacen promesas extravagantes de sobriedad y luego las rompen rápidamente, dañando sus relaciones con otras personas al quedar dominados por el remordimiento. Por el contrario, la persona aislada no va a hacer ningún compromiso a menos que usted y yo le hagamos grandísimas —e irreales— promesas. En ambos casos, una forma considerada de ocuparnos de ellas es no arrinconarlas con promesas de ningún lado. También es muy importante no prometerles demasiado. Una invitación que no tenga aparejados compromisos posteriores será más que suficiente. Sin embargo, esto a veces va en contra de ciertas interpretaciones religiosas que esperan algo de la gente desde el primer momento. La sabiduría de la invitación de Jesús mostrada al estar a la puerta y llamar esperando que se le invite a entrar, y al vivir día por día sin preocuparse por el mañana, habla claramente a la condición de la persona aislada activa más de lo que lo harían nuestras tácticas con más presión.

El ser humano activamente elusivo entró a la vida adulta con "heridas viejas". Las injurias del abuso verbal a los niños en la actualidad se obscurecen por el énfasis de los medios de comunicación social sobre el abuso sexual, el cual es en sí mismo un mal mantenido por el abuso verbal. Sin embargo, tanto dentro como fuera de la iglesia el abuso verbal entre las familias puede asumir todo tipo de ropaje religioso.

El abuso verbal en las familias y grupos religiosos puede comenzar muy temprano, cuando los padres condenan al niño con amenazas del rechazo de Dios. "Jesús se avergüenza de ti porque no recordaste el versículo bíblico hoy en la iglesia. ¿No te da vergüenza?" "Te pusiste a llorar cuando te dejamos en tu clase hoy. Hiciste que nos perdiéramos el culto. Si lo haces otra vez, quizá no vamos a ir a buscarte." Cuando los niños de seis o siete años muestran interés en sus órganos sexuales o los de los otros niños, los padres pueden humillarlos haciendo el ridículo de ellos: "Dios no quiere que juegues con eso. Si lo quisiera, hubiera hecho un juego con eso. ¡Deja esas tonterías!" Cuando los adolescentes comienzan a tener alguna cita, algunos padres les dicen: "¡Cualquier cosa que hagas, asegúrate de que sea algo que Jesús te pueda encontrar haciendo si regresara en cualquier momento!" Estas respuestas son abusos verbales, levemente ocultos bajo un ropaje de religiosidad. Además de eso, puede ser que los padres saturados de religiosidad no sean consecuentes. Puede ser que en privado con sus niños actúen en forma ruda y negativa, completamente separada de su otra personalidad "religiosa". La exclusión importante es la ausencia de la imagen de Dios como alguien que ama, aprecia y cuida a cada niño.

De la misma manera, se hacen evidentes la misma arrogancia de los padres y la falta de conciencia de sus propios defectos.

Uno de los servicios más grandes que pueden rendir los ministerios de predicación y enseñanza de la iglesia —combinados con ministerios de recuperación mediante grupos pequeños a niños y adultos que sufren abusos— es desafiar este tipo de abusos mediante la clase de evangelio que se enseña y se predica. Podemos despertar la conciencia de las congregaciones y crear e informar a esas conciencias en cuanto al daño que producen esos abusos a la "capacidad para el compromiso" a Cristo y a su iglesia. En la persona elusiva, nos encontramos considerando el trastorno de personalidad más frágil de todos los que hemos discutido. A medida que lo hacemos, nos trasladamos del trabajo de un médico al trabajo de maestros dentro y fuera de la iglesia, al tipo de cuidado que los padres dan a sus hijos en el hogar. Un estudio así crea un sentido renovado de misión para la iglesia en el orden social de justicia, misericordia y un andar humilde con Dios.

8

PERSONAS AL BORDE DEL CAOS

Los patrones de dificultades en la vida que hemos considerado hasta ahora, para muchos son "estilos de vida". Al revisar estos estilos de vida, podemos encontrar prácticas incorrectas en la crianza de los niños, que establecieron estos patrones. Como cristianos preocupados por la influencia de la orientación ética y la maduración de las personas con problemas, podemos ver en ellas evidencias clave de personas centradas en sí mismas, explotación a otros, abuso de niños y jóvenes e irresponsabilidad al llegar a la adultez en cuanto a asumir la carga que acarrea el hecho de ser humanos. Esto está pidiendo una reevaluación dolorosa del ministerio de las iglesias en la actualidad. Además, al haber considerado los trastornos de la personalidad hemos visto que los principales recursos para un tratamiento efectivo son la enseñanza —individual, en grupo o comunitaria—, el consejo, la psicoterapia y la disciplina para tomar decisiones éticas. El uso de ciertos medicamentos psiquiátricos es un tratamiento posible sólo en algunos casos limitados.

Por otra parte, las influencias religiosas formales, generalmente han dejado sin considerar estas formaciones subyacentes de la personalidad. La conducta religiosa ha tomado la forma de un trastorno de la personalidad, con más frecuencia que cuando la experiencia religiosa produce un cambio profundo en los patrones de este trastorno. En resumen, el estilo de vida básico de la persona continúa igual. Los enfoques masivos a la religión, así como los enfoques masivos al resto de la educación del individuo, carecen del poder de la confrontación personal, la preocupación por la transformación, o la sabiduría necesaria para discernir que hay algo que sale de lo normal.

En realidad, al considerar los estilos de vida que hemos mencionado hasta ahora, hemos visto con preocupación que se los toma como modelos dignos de ser copiados y como necesarios para "llegar a algún lado" en nuestra cultura competitiva y adquisitiva. En cuanto a los médicos que han escrito con mucha percepción acerca de estos trastornos de personalidad —incluyendo a Millon, Fromm, Horney, Freud, Sullivan y Erikson, entre otros— hemos encontrado que simplemente ellos están tan preocupados en cuanto al tipo de cultura que produce estos desórdenes, como lo están en cuanto a diagnosticar y tratar lo que Karen Horney llamó "la personalidad neurótica de *nuestro tiempo*" (itálicas del autor).

Estos *son* tiempos que ponen a prueba el alma humana. Las páginas precedentes epitomizan cómo las almas son probadas y cómo "todos nosotros nos descarriamos como ovejas, cada cual se apartó por su camino; mas Jehová cargó en él el pecado de todos nosotros". El sufrimiento del Señor Jesucristo no es sólo por esta oveja, aquella o la de más allá. Su redención invita a que todos nosotros, corporativamente, tengamos más compasión a la luz de nuestra responsabilidad como pueblo de este tiempo. Como un colega me dijo cierta vez: "A menos que como comunidad cristiana nos lleguemos hasta el incendio intencionado cultural que está destruyendo individuos y hogares; el consejo pastoral, la psiquiatría y la psicoterapia continuarán siendo el departamento de bomberos de las iglesias." Si cambiáramos la metáfora a términos médicos, podríamos decir: "Mientras no limpiemos los pantanos de mosquitos, seguiremos teniendo epidemias de malaria."

Personalidades al borde del caos

En este capítulo vamos a considerar tres clases diferentes de trastornos "agudos" de personalidad, como los llama Theodore Millon. Sus situaciones de existencia son, en realidad, "estilos de vida", pero quienes los experimentan viven sus vidas al borde de un caos de cismas psicóticos desde la más mínima de las realidades de la vida diaria. Estos trastornos a menudo se desarrollan hasta ser episodios agudos de enfermedades emocionales graves, y necesitan un tratamiento psiquiátrico de emergencia como también uno prolongado. Son los que tienen menos acceso al consejo pastoral y a cualquier forma de psicoterapia. A mi parecer, necesitan una comunidad de cuidado que las escuelas e iglesias carecen, y que los hospitales e instituciones correccionales brindan sólo en forma temporaria y paliativa.

En DSM III se describen estos trastornos de personalidad como personalidad limítrofe (el "establemente inestable"), personalidad paranoica (el "sospechoso"), y personalidad esquizótica (el "excéntrico" o "raro"). Un perfil de cada uno de ellos ayudará a que, de alguna manera, podamos diferenciar uno de otro. Luego, un perfil compuesto de las características que tienen en común, formará la base para considerar nuestras responsabilidades y oportunidades para relacionarnos con ellos y ocuparnos de ellos.

La personalidad limítrofe o *"establemente inestable"*

Un número considerable de médicos opina que esta etiqueta de diagnóstico es una de las más abusadas en el campo de la psiquiatría. Ellos creen que se está usando mal como una cubierta para la hostilidad del médico hacia un paciente difícil, como un diagnóstico indeterminado para "una forma de diagnosticar vaga e imprecisa" y como una excusa para los errores de tratamiento o para ponerse en contra de la persona (Reiser y Levenson 1984).

Sin embargo, consideraciones más cuidadosas reflejan que las personalidades limítrofes son individuos prolongadamente inestables. Tienen repetidos comienzos en falso y fracasos en la escuela, en el trabajo y en el matrimonio. Pero lo que es más importante, tienen continuos episodios psicóticos, breves pero irreversibles. Son tremendamente impulsivos en actos como el sexo, derroche, juego, abuso sustancial, pequeños robos, abuso de comida, o dañarse físicamente a sí mismos. Sus ataques de ira intensa y su incontrol son frecuentes e inadecuados.

Lo que es más serio, tienen severas confusiones de identidad en cuanto a quiénes son y quienes se supone que sean. Tienen alteraciones turbulentas de su estado de ánimo, pasando de la depresión a la ansiedad, a la irritabilidad y la ira. Estas alteraciones generalmente duran desde algunas horas hasta varios días, con un regreso igualmente rápido al estado de ánimo normal. Ellos no toleran estar solos y tratan frenéticamente de encontrar alguien que les haga compañía para no deprimirse. Piensan que sus vidas están crónicamente vacías y son aburridas.

En el contexto de la iglesia o la escuela, estas personas tienen mucha gente a quien apelar frenéticamente. Puede ser que haya desde dos a quince o veinte personas tratando de "ayudarles". Estas personas se conocen entre sí y el tema constante de conversación son los últimos episodios de terror del amigo necesitado, ya sea por automutilaciones, amenazas de suicidio, accidentes o peleas.

En su concepto religioso, las personalidades limítrofes presentan tanta confusión respecto a la presencia y naturaleza de Dios como la que tienen respecto a su propia identidad y propósito propios. Ellos se quejan de que sus oraciones son vacías y de que Dios nunca está cerca de ellos. El hacer la conexión entre su participación bastante nominal y mecánica en la iglesia, y su serenidad personal, produce una expresión vacía y pobreza de pensamiento y de respuesta. El significado principal que ellos extraen de la vida de la iglesia es que allí hay mucha gente que los protege de estar solos, cosa a la cual tienen terror. Cuando se ponen desesperados en cuanto a estar solos, llaman a varias personas de la congregación en una rápida sucesión. Un grupo de esas personas comenzarán a buscar activamente la forma de hospitalizarlo, por temor a que —por ejemplo— se lastimen en un accidente automovilístico, o intenten suicidarse o por lo menos imploren que venga alguien para quedarse con ellos. A menudo, cuando esta persona es hospitalizada "se pone bien" en el transcurso de tres a cinco días. El grupo de aquellos que participaron de la crisis, va quedando gradualmente exhausto después de varios de estos episodios. El dilema espiritual en el cuidado de estas personas es saber cómo ser un apoyo constante a la persona y al mismo tiempo mantener límites prácticos pero considerados en cuanto a sus demandas. ¿Cómo se puede ser un ejemplo de la compasión y la sabiduría del Señor Jesucristo y, al mismo tiempo, establecer límites correctos a estas expectativas impulsivas?

La personalidad sospechosa o paranoica

Aunque hay notables excepciones entre la población de gente que vive vidas sospechosas y paranoicas de grandiosidad y sospechas de persecución combinadas, la mayoría de ellos son vistos por los demás como hostiles, caprichosos y defensivos. Alguna que otra vez se los considerará como observadores muy agudos, enérgicos, ambiciosos y capaces. Estos últimos tienen una inteligencia sobresaliente que puede captar el vocabulario de moda y los titulares de las noticias recientes y usarlos para esgrimir su autoestima inflada. Sin embargo, si se les acosa pidiéndoles detalles de esos temas, se descubrirá que no han leído las letras pequeñas de los asuntos que ellos mismos presentan. Son muy conscientes del sistema de poder y clasifican a la gente en inferiores y superiores.

Como en el caso de las personalidades limítrofes, generalmente no se considera que las personas paranoicas tengan, ni obtengan, estabilidad en la escuela, en el matrimonio o en las experiencias laborales. De la misma manera, también se caracterizan por breves episodios psicóticos periódicos, cargados de acciones irracionales y patrones de pensamiento delirantes. De ahí que necesiten repetidamente ayuda psiquiátrica en los momentos en que irrumpe la crisis.

Estas personas han sido desconfiadas y vigilantes desde la adolescencia. Ellas anticipan las críticas y el engaño en una manera mucho más elaborada que la de las personas elusivas. La envidia y los celos son sus pecados mortales dominantes. Su desconfianza los lleva a situaciones conflictivas en las que se tornan temperamentales y tratan de desviar a la gente y hacerles quedar mal. Se aferran a los eventos totalmente insignificantes y los exageran para elaborar un cuadro grandioso de sus éxitos. Ellas consideran que los comentarios y los sucesos sin importancia tienen significados ocultos y son una crítica de sí mismas. Como dice Millon, para estas personas "existe muy poca diferencia entre lo que han visto y lo que han pensado. . . Las cadenas de hechos sin conexión se enganchan juntas. Ocurre un trayecto inexorable desde la imaginación, pasando por la suposición, hasta la sospecha, y muy pronto se ha creado un sistema de creencias enfermizas e inamovibles" (1981:381).

Desde el punto de vista religioso, DSM III (p. 308) presenta una observación importante acerca de la personalidad paranoica:

> Muy pocas veces este trastorno llega a la atención clínica, dado que es muy raro que esas personas busquen ayuda para sus problemas de personalidad o requieran hospitalización. Debido a la tendencia de algunas de ellas a ser moralistas, grandiosas y extrapunitivas, parece probable que los individuos con estos trastornos se encuentren demasiado representados entre los líderes de las religiones místicas o esotéricas y de los grupos seudocientíficos y parapolíticos.

Anteriormente sugerí que el líder religioso autoritario es predominantemente narcisista. Sin embargo, la grandiosidad de la personalidad paranoica está saturada de narcisismo. Hugo G. Zee afirma esto en una discusión sobre la masacre de Guyana perpetrada por Jim Jones y sus seguidores. La historia de Jones revela muchas cosas. El nació en un pueblo de Indiana (Estados Unidos de América) en 1931, en una época en que la principal industria del lugar era la fabricación de ataúdes. Su padre era un veterano inválido de la Segunda Guerra Mundial y era un miembro activo del Ku Klux Klan. Su madre soñaba repetidamente con su madre muerta. En uno de esos sueños la mujer anciana profetizó que su hija tendría un hijo que iba a corregir los errores del mundo. Esta mujer quedó convencida de que su hijo sería un mesías. Cuando Jim Jones tenía catorce años, sus padres se separaron, y seis años después su padre murió. Su madre vivió hasta un poco antes de la muerte de Jim Jones.

Jones empezó a predicar cuando tenía catorce años, poco después del divorcio de sus padres. Es digno de señalar que este hijo de un devoto del Ku Klux Klan comenzó a predicar en una iglesia negra. Formó su carrera ministerial dentro de la iglesia metodista.

Pero después de egresar de la secundaria, no duraba mucho tiempo en ninguna escuela. Abandonó la iglesia metodista por ser una iglesia "sin amor". Se casó con una mujer mucho mayor y más educada que él. La historia de su vida, dice Zee, muestra una traición hacia su padre, su pueblo natal, su relación con el metodismo, su esposa, su lealtad a la fe cristiana, su gobierno, su país y, por último, hacia sus mismos seguidores. Zee afirma que este patrón de traiciones es uno de los rasgos principales de las personalidades paranoicas. Jones terminó denunciando a la Biblia y escupiendo dramáticamente sobre ella, diciendo a sus seguidores que estaban prestando demasiada atención a la Biblia y no a él. Murió convencido de que "los otros", una conspiración del gobierno, habían salido a apresarlo, que iban a torturarlo y matarlo junto con sus seguidores (ver Zee 1980:345-363).

Este caso curioso documenta la observación de DSM III en cuanto a los ideales moralistas y grandiosos de la personalidad paranoica que aparecen en ciertas clases de líderes religiosos. Sin embargo, el liderazgo paranoico se presenta en situaciones eclesiásticas mucho menos curiosas dentro de los principales grupos religiosos.

Por ejemplo, algunos pastores siempre están en conflicto con grupos litigantes en las iglesias. Bajo un liderazgo normal, se puede enfrentar, conversar, discutir estos conflictos y la congregación sigue adelante con su objetivo principal de enseñar, predicar y cuidar a las personas. Sin embargo, en mi trabajo de aconsejar, he visto a los pastores que se dedican constantemente a formar un grupo fragmentado de seguidores leales, separándolos del grueso de la iglesia y formando una nueva iglesia centrada en el pastor como la voz final en todas las decisiones. En una oportunidad, cierto pastor creó cismas así en cuatro iglesias sucesivas. En la última de estas divisiones, el grupo leal al pastor a su vez se dividió por una controversia.

Esta misma dinámica funciona en los grandes grupos denominacionales donde ciertos líderes grandiosos y exhibicionistas avanzan hasta tomar las estructuras de poder dentro de la denominación. Allí se hacen evidentes la codicia, la envidia, los celos, las acusaciones de deslealtad, la posibilidad de trampas, una investigación vigilante del trabajo de la denominación para buscar señales de amenazas, vigilancias secretas y una preocupación excesiva por motivos ocultos y significados especiales en lo que se dice y hace. A medida que la atmósfera se va haciendo más y más paranoica, desaparece del compañerismo cualquier sentido de humor. Se trata con mucho orgullo de ser objetivos, racionales y no dejarse llevar por las emociones. Desaparecen los sentimientos de ternura, amabilidad y afecto. La personalidad paranoica del líder da un sabor amargo a la atmósfera de la denominación. Estas personas llenan el aire con la lluvia radioactiva de sus sospechas.

La personalidad esquizótica o excéntrica

En este tercer trastorno de la personalidad, otra vez estamos tratando con personas cuyo contacto con la realidad es muy inestable. Viven al borde del caos en episodios psicóticos breves pero febriles. Además, ellas mismas son sus peores enemigas al crear sus propios contratiempos en sus metas académicas, matrimoniales y laborales.

La personalidad esquizótica puede estar literalmente saturada de una religión supersticiosa de magia que parece rara y excéntrica para la persona religiosa tradicional y para aquel cuya religión es también un asunto de sentido común. Por ejemplo, puede ser que él o ella digan: "Me corté el dedo y Dios está haciendo que me vuelva a crecer." "Esta mañana vi a Dios en la rama de un árbol. El era un pájaro. El me cantó." "Dios me ayuda a leer la mente de otras personas, y yo sé por adelantado cuándo van a suceder las cosas. Luego suceden y puedo decir: Yo te lo dije."

La forma de hablar de las personas esquizóticas es rara. Ellas empiezan a decirle una cosa, luego se derivan hacia otra diferente y se meten en un laberinto de detalles que tienen poco o nada que ver con el tema original. Uno se siente cada vez más incómodo por ellas, pero ellas se pierden en su propia maraña de detalles.

Estas personas sufren ilusiones de la presencia de "fuerzas" o personas que no están presentes en la realidad. Por ejemplo, pueden hablar con o escribir cartas a personas que están muertas. Llegan a despersonalizarse, no estando seguras de quiénes son, y les acometen ataques de pánico.

En una conversación cara a cara con usted, se muestran distantes y frías, y es probable que usted sienta que están fuera y lejos de allí. Puede que usted encuentre que su excentricidad general se muestra en la forma rara de vestirse y sentarse, en su postura, y en su comportamiento curioso en una cena de la iglesia con sus modales tan extraños para la mesa.

La impresión general que dejan las personalidades esquizóticas es que son seres aislados, tienen pocos amigos y limitan sus contactos sociales a los compañeros esenciales en el trabajo, la iglesia, etc. Es verdad que son personas solitarias, pero puede ser que usted sienta esto *por* ellas, más de lo que ellas mismas lo perciben. Cada iglesia con la que estuve relacionado tiene un grupo permanente de estas personas raras y solitarias. Lo que hace la congregación es hacerles lugar y permitirles que participen de las actividades que ellas quieren.

DSM III hace la observación de que las personalidades esquizóticas "son propensas a las convicciones excéntricas, como el fanatismo y las creencias religiosas periféricas". Conocí a una de estas personas en una zona rural. Era un hombre que tenía la creencia excéntrica de que su interpretación de la Biblia era la única que él permitía que su esposa y sus hijos oyeran. El los mantenía encerrados, mantenía la iglesia en su casa, él mismo los bautizaba, y no permitía que nadie "contaminara sus mentes". Hay profetas vagabundos por las calles de las grandes ciudades que presentan creencias fanáticas e invitan a que se les sigan en un contexto en el que están seguros de que nadie los va a seguir.

Problemas comunes de las personalidades limítrofes, paranoicas y esquizóticas

Theodore Millon describió con cierto detalle tres rasgos comunes entre estos tres trastornos de la personalidad: inmadurez para el desarrollo o invalidez social, desorganización cognoscitiva o trastorno profundo del pensamiento, y sentimientos de pérdida o separación. En períodos de mucha crisis, ellos desarrollan "síntomas psicóticos pasajeros" de acuerdo con DSM III. Millon afirma que la tragedia ocurre "quizá por una gestión pobre de hospitalización, o por condiciones familiares no receptivas. Estos pacientes permanecen hospitalizados sólo para desintegrarse progresivamente hacia patrones patológicos más amplios y prolongados. Al estar cada vez más aislados de las actividades sociales normales y al haber adquirido los hábitos y las recompensas de la vida hospitalaria, ellos abandonan los esfuerzos para recuperar una existencia 'externa' significativa y se dejan deslizar hacia el vacío de la descompensación permanente" (Millon 1981:330, 331).

En mi trabajo clínico de cuidar a estas personalidades en el contexto de iglesias, escuelas y hospitales, puedo añadir algunas otras características que comparten.

Ellos comparten un nivel alto y persistente de "fastidio" a aquellos con quienes viven y trabajan. Lo que para otros son las tensiones ordinarias de la vida diaria, para ellos se transforman en grandes catástrofes. Los demás pueden usar tremendas cantidades de tiempo, energía, atención y aun dinero para tratar de hacer posible la vida con ellos y para ellos. Por ejemplo, puede ser que una mujer de cincuenta años, inofensiva y que no presenta un peligro para sí misma ni para los demás, llegue a ser una molestia en algún pueblo pequeño. Esto sucede cuando va de restaurante en restaurante, se sienta con la gente que está comiendo y mientras habla con ellos, ¡come de sus platos! Esto es una molestia pública.

Nuevamente, como he indicado anteriormente, tales personas tienen una forma de conseguir que muchos consejeros, médicos, obreros sociales de casos, maestros, profesores y otros estén trabajando para ayudarles. Ellos se ponen molestos cuando se encuentran bajo grandes tensiones, y muchas veces en esos momentos los que les ayudan también se encuentran bajo tensión. Por ejemplo, es probable que un estudiante se descompense cuando lleguen los exámenes finales o se acerca la graduación. Todos están bajo tensión en esas circunstancias. Pero estas personas no se hacen parte de la "comunidad que sufre". Ellas se aíslan, desarrollan comportamientos raros y extraños, y requieren una asistencia total y aun más allá de sus posibilidades, de parte de quienes les rodean.

Otra característica que comparten estas personas es que muchas veces no tienen un lugar propio "para estar" o ningún lugar donde ir y sentirse seguras. Los parientes ya están agotados, y no los quieren, los hospitales son costosos y crean hábitos, y las iglesias no tienen dormitorios. Su alienación es intensamente individual y, al mismo tiempo, se ve intensificada por la comunidad. No hay una institución que se adapte a sus necesidades. En los tiempos en que había grandes hospitales estatales con granjas extensas operadas por los pacientes en lo que se llamaba "terapia industrial", la vida simple de la granja les proveía tanto la distancia como la estructura de un lugar donde "estar". Estas personas están demasiado representadas en la población de la gente sin hogar en las calles, especialmente en esta época de desinstitucionalización de las personas mentalmente enfermas. Anteriormente, a estas personas que andaban de lugar en lugar se las llamaba personalidades "vagabundas".

Desafíos especiales para la comunidad cristiana

Estar preparados para lo peor

La vulnerabilidad excepcional de estas personas a caerse en pedazos o desintegrarse en estados psicóticos significa que tanto los líderes como los miembros de la iglesia deben estar preparados para cuando esto suceda. Dado que estas crisis ocurren cuando las personas están bajo mucha tensión, una forma de estar preparados es vigilar las inminentes crisis en sus vidas. Muchas de esas crisis son predecibles, como las que ocurren al comienzo o fin de un año escolar, cuando se preparan para el matrimonio, cuando se espera el nacimiento de un hijo, o cuando se anticipa la muerte de un padre o cónyuge luego de una prolongada enfermedad. Aun cuando estas personas no busquen por su propia voluntad la ayuda especializada de un médico, los pastores y los miembros de la iglesia pueden intervenir, de manera natural y apropiada, en estos momentos de crisis. La pérdida de trabajo, la separación de un cónyuge, el divorcio y otras crisis semejantes, son momentos cuando la persona está más abierta a una nota de afecto, y un llamado telefónico o una visita al hogar no sólo son apropiados sino que es lo que generalmente se espera de ellos. Esta es una ventaja que las iglesias y sus pastores tienen sobre los médicos, salvo en raras excepciones.

Sin embargo, una vez que hemos intervenido y descubrimos que esta persona ya se está precipitando hacia el borde de un episodio psicótico, se necesita inmediatamente de un médico. Una buena manera de estar preparados para esto es tener relaciones estrechas con médicos dentro o fuera de los miembros de la iglesia. Si usted y yo somos conocidos o aun buenos amigos de estos médicos, estaremos mucho más preparados para cuidar de estas personas en casos de descompensación aguda hacia una psicosis. Podemos ser ministros de la presentación, actuando como un nexo entre una persona enferma y el médico. Aun podemos acompañarlas, si ellas lo permiten, cuando van al médico.

Proveer un "lugar para estar"

Después de una hospitalización breve, el gran problema es dónde va a vivir la gente así. A veces la familia está agotada y llegó al límite de soportar tantas crisis nerviosas. En muchos casos, la persona no tiene familia. Las agencias sociales en las grandes comunidades tienen hogares de tránsito, grupos de hogares, en los cuales la persona puede ser cuidada temporariamente hasta que llegue a vivir de manera más independiente.

Las mismas iglesias algunas veces ven la necesidad de un "lugar para estar" para aquellos que son demasiado vulnerables para vivir en una escuela o un hogar, y sin embargo, no requieren hospitalizaciones largas. Cierta iglesia vio la necesidad de tener una clase en la escuela dominical para retardados mentales adultos. Cuando en la comunidad se corrió la noticia de esta clase, el grupo creció hasta contar con ochenta personas que asistían regularmente. Luego, el padre y la madre de un alumno de esa clase murieron en un mismo lapso. La iglesia comenzó una campaña para recolectar fondos y adquirió una granja en funcionamiento. Un matrimonio que había estado trabajando con esa clase de la escuela dominical hizo un cambio en su carrera en la media vida y la iglesia los empleó como supervisores de este hogar para el grupo y esta oportunidad de trabajo para los hijos e hijas adultos de personas mentalmente retardadas. Ahora esta granja está en pleno funcionamiento.

Parece razonable, entonces, que las iglesias deban considerar la necesidad de esta gente con una estabilidad mental tan frágil en cuanto a un lugar donde estar y trabajar, como un ministerio más para alcanzar a otros. Estas personas tienen los mismos problemas residuales de carencia de un lugar, de propósito, de trabajo y de compañía; como los tienen los individuos esquizofrénicos y psicóticamente deprimidos. La psiquiatría hace un trabajo cada vez más efectivo de clarificar los síntomas de la psicosis, pero necesita del tipo de compasión y compromiso demostrados por la iglesia bautista que mencioné, al proveer un cuidado continuo para las personas con serios trastornos mentales.

Reinterpretar el llamado y la vocación cristianos

La comunidad cristiana se encuentra inmersa en las luchas humanas de las personas que buscan un propósito significativo, amigos que los cuiden y un fuerte sentido de identidad y dirección de sus vidas bajo Dios. La experiencia cristiana abarca todo esto. Juan Bunyan escribió la historia de las propias luchas de su alma por encontrar la Ciudad de Dios. Luego escribió otra historia acerca de cómo su esposa y su familia también lograron encontrar su camino hasta allí.

La iglesia toca el nervio vocacional en las vidas de la gente, en muchos puntos —en la lucha del niño o jovencito por rendir bien en la escuela, en la elección de la persona con quien se van a casar, en el consejo matrimonial y familiar de las familias con problemas, en los problemas entre padres e hijos, y en las muchas decisiones que hace la gente respecto a sus trabajos. En todos estos puntos aparecen con más nitidez las grandes carencias de todos los trastornos de la personalidad. También tienden a aparecer en estos puntos las descompensaciones de los trastornos de personalidad más malignos. Por lo tanto, la estrategia general de nuestro cuidado hacia ellos es tratar de conocer en forma tranquila, paciente y consecuente, la mente y el propósito de Dios para sus vidas; sostenidos y enriquecidos por la seguridad de que estos individuos son hijos amados de Dios y que Dios tiene un significado, un propósito, un lugar y un servicio de amor para ellos. Sea lo que fuere que Dios les ha llamado a ser, Dios no quiere que sean pacientes

mentales permanentes. El quiere que desentierren e inviertan sus
dones singulares. Nosotros somos una comunidad estable de fe que
les acompaña en la búsqueda de esos dones. Somos una comunidad
de estímulo y celebración junto con ellos al lograr armonizar sus
vidas en la presencia de Dios.

9

CUANDO LAS MASCARAS
DESAPARECEN

Toda la conversación hasta ahora se ha referido a los *desórdenes* de la personalidad. Con la excepción de los limítrofes, paranoicos y esquizoides, estos trastornos son estilos de vida que la persona ha aprendido a reactuar en su vida adulta. No parecen incluir anormalidades específicas en el sistema nervioso central u otros sistemas orgánicos del cuerpo. Generalmente los psiquiatras consideran que estos desórdenes en la vida no requieren el uso de medicación psicotrópica. Ellos tienen muy poca oportunidad de hacer psicoterapia con estas personas, porque éstas raramente ven la necesidad de aclaración, comprensión o enseñanza. La falta de disposición a que se les enseñe hace encallar a estas personas en las aguas turbulentas del hogar, la escuela, el matrimonio, el trabajo y la iglesia. Pero esa falta de disposición a que se les enseñe —que puede traducirse como "dureza de corazón"— comenzó en la prolongada enseñanza de aquellos de quienes aprendieron algunas cosas en cuanto a sí mismas y al mundo que ahora necesitan desaprender.

Uno de los mayores tributos que se le puede dar a un padre, maestro, médico, pastor, o alguna otra persona que influye, instruye y guía a otros, es decirle que nunca ha enseñado a un individuo dado algo que después él tuviera que desaprender. Pero en nuestro estudio de diferentes trastornos de la personalidad hemos desenmascarado actitudes y convicciones profundamente asentadas y enfermizas que la gente ha aprendido en el hogar, en la escuela, en la iglesia y en la cultura del narcisimo, la competencia y el poder en la que todos vivimos y trabajamos. Segunda Timoteo 4:3 nos dice que "vendrá tiempo cuando no sufrirán la sana doctrina". Curiosa-

mente, la palabra "sana" es una traducción del término griego
hygiainouses, una forma de la palabra que da origen a nuestra
"higiene", la ciencia de mantener la salud.

Por lo tanto, en este capítulo vamos a concentrarnos en la clase
de enseñanza, cuidado y amor que crea personalidades ordenadas,
en vez de desordenadas, entre el pueblo de Dios.

Algunos significados de orden

A veces cuando se usa la palabra "orden", simplemente se está
pidiendo algo —como cuando el mozo anota su orden en un
restaurante. Otras veces, se agrega fuerza a la palabra y se
transforma en un mandato— como cuando se ordena a los subordi-
nados a hacer algo. Pilato ordenó que el cuerpo de Jesús le fuera
entregado a José de Arimatea (Mt. 27:58). En el Nuevo Testamento
se encuentra este significado de orden. Sin embargo, no es el
significado que tenemos en mente cuando hablamos de proveer
enseñanza que traiga vida, para que resulte en personalidades
ordenadas en vez de desordenadas. El Nuevo Testamento tiene
otros significados para orden que son mucho más importantes para
nuestra comprensión y acción.

Primera Timoteo 1:4, 5 utiliza la palabra *oikonomía* para
describir el orden divino, la enseñanza o la mayordomía que se
caracterizan por "el amor nacido de corazón limpio, y de buena
conciencia, y de fe no fingida". Al referirse al don de lenguas en la
iglesia, el apóstol Pablo dijo: "No impidáis el hablar en lenguas; pero
hágase todo decentemente y con orden" (1 Co. 14:39b, 40). El uso
que Pablo hace de las palabras *kata taxin* (con orden) puede ser
muy bien una figura del lenguaje militar que se refiere a permanecer en la fila y no cambiar un regimiento ordenado en una turba
desordenada. Sin embargo, Robertson y Plummer (1953:328) las
interpretan como significando el decoro y comportamiento eclesiás-
ticos. Ellos dicen que "en el universo de Dios prevalecen la belleza y
la armonía, y cada parte desempeña su función adecuada sin pereza
ni usurpación; y la belleza y la armonía prevalecen en la adoración a
Dios". Las iglesias han hablado mucho del orden en la adoración y
aun más del orden de la salvación. Se ha gastado mucha energía en
ordenar la experiencia cristiana en cuanto al crecimiento individual
mediante los sacramentos en las iglesias litúrgicas o las ordenanzas
en aquellas iglesias que se dedican mucho a la espontaneidad y poco
al orden. Sin embargo, existe un orden programático en la salvación, mediante el cual la persona debe moverse o ser movida para su
redención en Jesucristo.

Pero hay una palabra para orden, usada en una de las parábolas de Jesús, que es la que más se acerca a nuestro interés respecto a la personalidad ordenada. La palabra es *kosmeo*. Jesús acababa de echar un demonio que era mudo, y cuando lo hizo el hombre mudo habló. La gente estaba maravillada, y algunos acusaron a Jesús de estar ligado a Beelzebú. El respondió que una casa dividida contra sí misma no puede permanecer, y les relató esta parábola:

> Cuando el espíritu inmundo sale del hombre, anda por lugares secos, buscando reposo; y no hallándolo, dice: Volveré a mi casa de donde salí. Y cuando llega, la halla barrida y adornada. Entonces va, y toma otros siete espíritus peores que él; y entrados, moran allí; y el postrer estado de aquel hombre viene a ser peor que el primero (Lc. 11:24-26).

La casa fue "adornada". La palabra *kosmeo*, aquí traducida, significa literalmente "adornar y decorar". Esto se ilustra con más claridad en Apocalipsis 21:2 cuando Juan tiene una visión de la nueva Jerusalén y la ve "descender del cielo, de Dios, dispuesta como una esposa ataviada para su marido". En este sentido metafórico, *kosmeo* significa hacer que tu personalidad toda sea abundantemente hermosa y espiritualmente atractiva. Jesús parece decir que la persona que se estaba recuperando de los estragos de un espíritu inmundo, necesitaba una atención que va más allá del simple echar fuera el espíritu. El resto del ser necesita un cuidado total. Hoy en día sabemos que eliminar simplemente los síntomas de las regresiones psicóticas de una persona que sufre de un trastorno de personalidad prolongado, sin atender a todo el sistema de la "casa" en que vive, es invitar a un problema siete veces mayor. El sistema mismo necesita un cambio. La gente en ese sistema —además del paciente definido— que no está de nuestra parte para hacer esos cambios, está contra nosotros y contra el paciente. Cuando Jesús habló como un sanador en el ejemplo citado aquí, estaba tan interesado por la atmósfera espiritual del sistema en el cual vivía el mudo, como lo estaba por lo que vio como la situación precaria de la casa "barrida y adornada" que quedaba vacía. La casa vacía habla muchísimo. La personalidad ordenada queda en peligro cuando está vacía de significado, propósito, vocación y un sentido genuino de valor personal que deriva de Dios y es bendecido por el compañerismo de la familia y de la fe.

El carácter y la personalidad ordenada

Cuando los psiquiatras hablan de los trastornos de la personalidad menos formalmente que en DSM III, en libros como el importante volumen de Millon, y en artículos de revistas, usan el término "desórdenes del carácter". Sin embargo, con la excepción de muy pocos psicoanalistas, no dan una definición clara de lo que quieren decir por "carácter". Lo mismo puede decirse del uso que hacen de la palabra "realidad". Una de las mejores definiciones se encuentra en el *Psychiatric Dictionary* (Diccionario Psiquiátrico) de Hinsie y Campbell (1970:120):

> En su uso corriente, *carácter* [es] aproximadamente equivalente a *personalidad*. . . Incluye los patrones característicos (y, hasta cierto punto, predecibles) de conducta-respuesta que cada persona forma, tanto consciente como inconscientemente, como su estilo de vida, o su forma de ser al adaptarse a su ambiente y mantener una relación estable y recíproca con el medio humano y el no-humano. . . Debe reconocerse que cualquier diagnóstico de *trastorno de carácter o perturbación de la personalidad* es fundamentalmente un diagnóstico social y está hecho por otras personas que no son el mismo sujeto, cuyo comportamiento es considerado por otros como destructivo, espantoso y anticonformista o con alguna otra desviación.

Las frases "otras personas" y "diagnóstico social" sugieren que los diagnosticadores primarios son los padres y hermanos, compañeros y maestros de escuela, amantes y cónyuges, compañeros y jefes de trabajo, miembros de iglesia y pastores y las autoridades policiales. Ellos tienen la responsabilidad final por el tratamiento de las personas que ellos advierten que tienen un trastorno de carácter. En resumen, la comunidad se convierte tanto en el diagnosticador como en el terapeuta. La ironía de esto es que la comunidad —la familia, la escuela, la iglesia, el lugar de trabajo y los encargados de mantener la ley y el orden civil— es la que, al mismo tiempo, hace, da forma, construye, idea y edifica los caracteres que ella misma diagnostica y trata. Todos nosotros necesitamos volver a nuestra mesa de trabajo y ver si la intención del Autor y Creador de todos nosotros ha estado presente en nuestro trabajo. Si lo ha hecho, ¿hemos actuado de acuerdo con esa intención?

Cuando vamos al Nuevo Testamento buscando una comprensión de "carácter", encontramos el comienzo de las respuestas a esta última pregunta. Hebreos 1:3 afirma que Jesucristo es el resplandor de la gloria de Dios "y la imagen misma de su sustancia, y quien sustenta todas las cosas con la palabra de su poder". Las palabras "imagen misma" son una traducción de la palabra griega *character*. Esta es una idea de carácter mucho más existencial y menos conductista que la definición psiquiátrica. Carácter es la forma de la esencia misma de una persona, no sólo la conducta externa. La conducta expresa esta esencia, esta naturaleza. El libro de Hebreos usa otra palabra, *amatatheton,* que se traduce "inmutabilidad" (He. 6:17) y que describe el carácter del propósito de Dios. En muchas personas que sufren de trastornos de carácter, hemos descubierto que, en el mejor de los casos tienen apenas un resquicio de propósito, y en el peor, una ausencia de propósito, y una falta de constancia y estabilidad en cuanto al llamado supremo de sus vidas.

Este llamado supremo debería desafiarnos a soportar el estrés y dejar de lado las satisfacciones inmediatas en pro del llamado. El apóstol Pablo usa otra palabra para "carácter" en Romanos 5:4, *dokime.* El dice que en el sufrimiento de la vida podemos regocijarnos al saber que "la tribulación produce perseverancia, y la perseverancia produce carácter probado, y el carácter probado produce esperanza. Y la esperanza no acarrea vergüenza, porque el amor de Dios ha sido derramado en nuestros corazones por el Espíritu Santo que nos ha dado" (RVA). La perseverancia pone a prueba a la persona, y el resultado es el carácter. El carácter no es una entidad inerte o estéril. Trabaja activamente para generar esperanza. El sufrimiento es como un examen para la perseverancia a fin de generar carácter. En las relaciones personales Pablo puso a prueba el carácter de la gente. El usa *dokime* en este sentido en 2 Corintios 2:9: "Porque también para este fin os escribí, para tener la prueba de si vosotros sois obedientes en todo."

Entonces, carácter es ese "sello" de nuestra naturaleza misma, que está grabado allí por haber soportado las pruebas de frustración y sufrimiento, y haber aceptado las disciplinas de la obediencia al llamado de Dios en Jesucristo.

En nuestro estudio de los trastornos de la personalidad o del carácter, una manera de diferenciarlos es preguntar cuál es el lugar geométrico o el centro de sus patrones de obediencia. Por ejemplo, las personas dependientes centran su obediencia en las indicaciones, pistas y guías que les dan otras personas. Las personalidades narcisistas obedecen sólo a sus deseos centrados en sí mismas y a su autoimagen agrandada. Las personas compulsivas tienen una "conciencia innecesaria" de escrupulosidad como el centro de sus impulsos.

Podemos generalizar y decir que la personalidad se *desordena* por el carácter defectuoso del centro habitual de las energías personales del individuo. El ordenamiento de la personalidad comienza con la puesta a prueba del carácter de esos centros habituales de la esencia de la persona. Esta prueba es lo que se proponen hacer las enseñanzas de Jesús y los profetas.

La formación y transformación del orden y el desorden de la persona cristiana

En la comunidad psiquiátrica parece haber surgido un consenso general en cuanto a que los desórdenes de la personalidad son el estilo de vida a largo plazo, o el esquema de existencia de las personas. Ellas han sido formadas en interacciones familiares iniciales y continuas. Generalmente, la educación formal de la persona no presenta un desafío a esta formación en ninguna forma específica, sino que simplemente se mueve alrededor de ella. La vida ritual de la participación religiosa de ese individuo, tiende a esquematizarse siguiendo las líneas del trastorno particular. Algunas veces la personalidad se reordena, mediante la transformación radical de la crisis de la conversión. Al mirar a las enseñanzas del Nuevo Testamento, encontramos nueva luz en cuanto a la intención de Dios en la formación y transformación de los desórdenes malignos de nuestras vidas.

¡Que Cristo sea formado en vosotros!

Cuando el apóstol Pablo escribió a los gálatas estaba horrorizado. Ellos se habían dejado "embrujar" y seducir por los legalistas y habían creído que estaban atados a los legalismos de la ley judía para poder ser aceptados por Cristo. Habían regresado a su estilo de vida compulsivo y estaban viviendo bajo esa adicción. Pablo les dijo que era como si él estuviera en los dolores o el trabajo de parto en su deseo de la transformación de sus vidas. Les dijo que iba a estar con esos dolores "hasta que Cristo sea formado en vosotros" (Gá. 4:19). La palabra que usó aquí es bastante conocida por nosotros: *morphothe,* que viene de *morphein,* "formar, dar forma". Es una metáfora o símbolo de la formación de un embrión. Pablo los llama "hijitos míos". El se presenta a sí mismo en una función femenina, como si los hubiera dado a luz en Cristo. Ahora tiene que repetir el proceso *otra vez* hasta que Cristo sea formado en ellos.

Esta es la condición triste del individuo cuya experiencia cristiana ha sido tan superficial que hace falta un renacimiento radical para que Cristo pueda ser formado dentro de ellos. Ellos cambian el esquema de toda la vida que han traído desde su familia terrenal y que ha continuado a pesar de lo que Cristo ha hecho por ellos. Anteriormente, en Gálatas 2:20, Pablo afirmó de manera más específica lo que quería decir al hablar de que Cristo sea formado en nosotros: "Con Cristo estoy juntamente crucificado, y ya no vivo yo, mas vive Cristo en mí; y lo que ahora vivo en la carne, lo vivo en la fe del Hijo de Dios, el cual me amó y se entregó a sí mismo por mí."

Mediante el proceso de organización, crecimiento y desarrollo de un compañerismo religioso, se va disminuyendo gradualmente la fuerza inicial de las enseñanzas del grupo. La transmisión de esas enseñanzas a través de la relación padre-hijo está cada vez más dominada por el tipo de relación existente entre los padres y los hijos. La tradición, el ritual y la rutina eclesiástica reemplazan la cercanía y el resplandor del poder transformador de la presencia de Cristo formándose en el creyente. No debe extrañarnos entonces que la misma sustancia del evangelio como participación personal del individuo y el grupo en la crucifixión, sepultura y resurrección de Cristo, por el que Cristo es formado dentro de ellos, llegue a ser o una doctrina o un ritual, tal como el bautismo. Las personas pueden hacer todas las acciones de este evento y quedar exactamente igual en cuanto a los trastornos de personalidad que traían a su bautismo. Su forma particular y desordenada de relacionarse con las personas —sean otros miembros de la iglesia, su cónyuge, su empleador o Dios— en el mejor de los casos permanece igual, y en el peor, recibe el sentimiento espurio de que su dependencia, narcisismo, negativismo, manipulación y aislamiento tienen la aprobación divina y pueden hacer lo que se les antoje en el nombre de Dios.

Sin embargo, este cuadro pesimista no es como tiene que ser o como siempre resulta ser. A través de nuestra discusión de cada uno de los estilos de vida que llamamos trastornos de la personalidad, he observado que cuando la gente se encuentra frente a crisis de situaciones inalterables, o cuando se ven atrapados en la telaraña de la circunstancia humana que ellos mismos se han tejido, entonces se detienen, miran, escuchan, preguntan y reconsideran su vida. Estas crisis pueden ser un fracaso en el trabajo, fracaso en el matrimonio, la muerte de un padre que les ha respaldado en su comportamiento defectuoso, ser acusado de algún delito grave y encarcelado cuando se estaba en la cúspide del éxito que había soñado, o cualesquiera de las miles de enfermedades mortales que hereda el cuerpo humano. Estas crisis pueden ser la respuesta individual a calamidades sociales masivas tales como la Gran Depresión, la Segunda Guerra Mundial, etc.

James Loder ha llamado a estos eventos "experiencias condenatorias" (1981:180). Otros dicen que es la "pérdida del balance" de una persona en cuanto a su estilo de vida acostumbrado. Estos pueden llegar a ser momentos aptos para la enseñanza. En las palabras de Guillermo Carey, el extremo del hombre se convierte en la oportunidad de Dios. En la vida humana cada uno de nosotros vivimos nuestro propio estilo de vida, nuestra existencia desordenada particular. Esta existencia desordenada tiene una atadura o cadena de cierta extensión en términos ya sea de tiempo como de

paciencia de parte de los demás. Para nosotros, esta atadura es la
cadena de DNA que preordena nuestra salud corporal, los límites de
la herencia que llevamos dentro y las limitaciones inherentes de ser
humanos que Dios estableció para todos nosotros en la creación.
Estas interrupciones en nuestro contexto de conocimiento, esos
momentos en que perdemos nuestro equilibrio, sirven para hacer-
nos saber que hemos llegado al extremo de nuestra atadura.
Nuestra extremidad se transforma en la oportunidad de Dios. O
nosotros cambiamos radicalmente o, sin haber aprendido nada de
ese momento especial, continuamos vagando en los desiertos de
nuestra vida centrada en nosotros mismos. La diferencia contun-
dente está hecha por el grado de apertura y disposición a la
enseñanza con el cual atravesamos esa pérdida de balance cuando
se interrumpe nuestro contexto conocido.

Los trastornos definibles de personalidad muestran las señales
psicológicas de la falta de perspicacia de las personas, falta de
precaución, y falta de disposición a nombrar a otra persona como su
maestro. Sus familiares se quejan: "¡Nadie puede decirle nada!"
Cuando Jesús habló en cuanto a los problemas matrimoniales y el
divorcio dijo que esto era "por la dureza de vuestro corazón", o como
lo expresa la Versión Popular "por lo tercos, que son ustedes".
Proverbios 2:1-5 presenta este consejo:

> Hijo mío, si recibieres mis palabras,
> Y mis mandamientos guardares dentro de ti,
> Haciendo estar atento tu oído a la sabiduría;
> Si inclinares tu corazón a la prudencia,
> Si clamares a la inteligencia,
> Y a la prudencia dieres tu voz;
> Si como a la plata la buscares,
> Y la escudriñares como a tesoros,
> Entonces entenderás el temor de Jehová,
> Y hallarás el conocimiento de Dios.

Las líneas de ensamblado de producción masiva tanto de las
denominaciones organizadas como de la propaganda religiosa
centrada en los medios, parecen no dar mucho valor al "clamor de la
inteligencia" y a "dar tu voz a la prudencia". El autor de Proverbios
alaba esto como prerrequisitos para comprender el temor de Jehová
y hallar el conocimiento de Dios. En esto, como el compañerismo de
los creyentes, teniendo el don del discernimiento por el Espíritu
Santo, somos principalmente responsables. Esta es la levadura que
tenemos que ofrecer a toda la masa de la vida humana. Es la sal con
la que Dios hace posible y agradable la vida a través de nosotros. Es
la luz que no nos atrevemos a poner debajo de un almud para no

arriesgarnos a echarnos a perder, a cansarnos, a aburrirnos y a ser inútiles en la transformación de vidas humanas. El temor de Dios, el conocimiento de Dios y la sabiduría de Dios son como plata, como un tesoro escondido. En esto se requiere que seamos competentes.

Sin embargo, hemos cargado con otra preocupación que nos empuja más allá del terreno de nuestra competencia. Esa preocupación es el modelo de empresa corporativa tanto para las iglesias como para las instituciones secundarias como las escuelas, seminarios, hospitales y hogares de ancianos. El orden de la salvación, ya sea por un sistema sacramental, por pasos a cumplir para ser salvos, o por una campaña de evangelización, se transforma en una técnica de reclutamiento que usamos para construir iglesias cada vez más grandes, catedrales y denominaciones. Esto lo hacemos en una época cuando las empresas corporativas en muchas partes están enfrentando problemas por expandirse más allá del nivel en que pueden funcionar. Como dice Robert J. Samuelson (1986:45):

> Tienden a expandirse hasta el nivel de su incompetencia e ineficiencia. Hay un ciclo de crecimiento y caída. El éxito de la corporación planta las semillas del fracaso futuro. Las empresas progresistas tratan de ser más y más grandes. Pero esta lucha por crecer las hace difíciles de manejar y las lleva a diversificarse en áreas en las que son ineptas. Estos errores hacen que las empresas pierdan su eficiencia. . . sus ambiciones hacen que las empresas sean cada vez más difíciles de manejar.

Los grupos religiosos construyen torres de Babel para "hacerse un nombre". La competencia religiosa por ser más y más grandes no es ninguna excepción al proceso de caída. Con respecto a nuestra preocupación principal en cuanto a la transformación de los trastornos de la personalidad, hay otra cosa que sucede al adoptar este modelo corporativo para las iglesias. Ese ciclo inexorable de crecimiento y caída ocurre en las iglesias como resultado de nuestras ambiciones desviadas. Estas ambiciones tienden a glorificar algunos de los trastornos de personalidad, como el estilo de vida antisocial y agresivo, el estilo de vida paranoico y grandioso, y el narcisista y absorbido en sí mismo. Al mismo tiempo, hay una tendencia a explotar a las personas que luchan bajo el peso de otros trastornos de personalidad, como el estilo de vida dependiente, el histriónico y el compulsivo. De esta manera, las iglesias ignoran o pisotean en su carrera ambiciosa a las personas poco sociables, elusivas e inestables. No las necesitan. En su preocupación por llevar adelante el espectáculo, abandonan la búsqueda de la sabiduría divina que transforma el desorden de una persona en un "orden divino". Como dijo cierto jefe de periodistas de una de las principales cadenas de televisión, cuando renunció: "En vez de ocuparnos de nuestra función de reunir, pasar, clasificar y explicar el flujo de los eventos y noticias, empezamos a dejarnos influir por el deseo de agradar a la audiencia en primer lugar. El objetivo era 'tenerlos atrapados' pretendiendo que estas no eran noticias después de todo. . . Una vez que uno decide titilar en vez de iluminar, uno se encuentra en un tobogán resbaladizo."

Una situación similar existe dentro de la comunidad religiosa. Como dijo Isaías:

> Porque este pueblo es rebelde,
>   hijos mentirosos,
> hijos que no quisieron oir
>   la ley de Jehová.
> Que dicen a los videntes: No veáis;
>   y a los profetas: No nos profeticéis lo recto,
> decidnos cosas halagüeñas,
>   profetizad mentiras;
> dejad el camino,
>   apartaos de la senda,
> quitad de nuestra presencia al Santo de Israel.
>
> (Is. 30:9-11)

Juan Bunyan, en *El progreso del peregrino* (1951:69), retrata vívidamente el resultado final de estas actitudes de las iglesias de hoy. Cristiano llega a un pueblo cuyo nombre es Vanidad. Allí funciona una fiesta "llamada Feria de Vanidad. Se llama así porque el pueblo es más vano que la misma vanidad, y porque todo lo que allí se vende, o que de allí viene, es vanidad. . . Esta feria no es moderna, sino muy antigua." Bunyan dice que nuestro Señor Jesucristo

> cuando estuvo en este mundo, atravesó este pueblo para ir a su propio país, y pasó en día de feria; y según creo, era Beelzebub el principal dueño de la feria, quien le invitó en persona a comprar sus vanidades; y hasta le hubiera nombrado dueño de la feria si hubiera consentido hacerle una reverencia al pasar por el pueblo. Más aún: como era persona de tanto honor, Beelzebub le acompañó de calle en calle, y le enseñó todos los reinos del mundo en muy poco tiempo, con el fin de alucinar, si fuera posible, a ese Bendito, y hacerle comprar algo más de sus vanidades; pero el Príncipe de Gloria nada quiso de sus mercancías.

Este mismo aspecto prevalece en las pirámides de poder de la Feria de Vanidades religiosa de hoy.

Sin embargo, los aspectos ocultamente éticos, espirituales y culturales que se encuentran en las descripciones psiquiátricas de las actitudes de personas con trastornos de personalidad, brindan a la comunidad cristiana perceptiva un realismo profético en cuanto a nuestra misión. Este realismo profético elimina la Feria de Vanidad del deseo de ser un "superpoder" religioso. Dios no es un Dios de confusión, pero esta elevación personal sí es un dios. Tanto en el nivel de corporación como en el nivel personal de la vida de los cristianos, el ruego de Pablo a los romanos ofrece una base bíblica para un nuevo programa de las iglesias, para que asuman una competencia central renovada, que nos es dada por el Señor Jesucristo:

> Así que, hermanos, os ruego por las misericordias de Dios, que presentéis vuestros cuerpos en sacrificio vivo, santo, agradable a Dios, que es vuestro culto racional. No os conforméis a este siglo, sino transformaos por medio de la renovación de vuestro entendimiento, para que comprobéis cuál sea la buena voluntad de Dios, agradable y perfecta (Ro. 12:1, 2).

La renovación del entendimiento significa un nuevo ordenamiento de toda la personalidad. Este ordenamiento es la obra de Dios, que transforma el caos en una nueva creación. Como interpreta Cranfield este pasaje (1979:607): "La transformación no es algo que se produce en un instante;. . . es un proceso que tiene que continuar por todo el tiempo de la vida del cristiano."

Yo interpretaría este proceso como uno en el cual usted y yo hemos designado a Jesús como nuestro Maestro. Nosotros traemos los esquemas desordenados de nuestras vidas para ser puestos bajo el escrutinio de su enseñanza. Como ya he dicho, el individuo con una personalidad desordenada se resiste internamente a permitir que otro sea su maestro. Un temor profundo fortalece esta resistencia. El amor de Dios en Jesucristo echa fuera este temor. Por lo tanto, nosotros *dejamos* que Dios transforme nuestras mentes cuando nos presentamos ante él y nos inscribimos en la enseñanza de su Hijo, Jesucristo. Y la transformación ocurre, mediante este proceso de reordenamiento de nuestras vidas. "Por tanto, nosotros todos, mirando a cara descubierta como en un espejo la gloria del Señor, somos transformados de gloria en gloria en la misma imagen, como por el Espíritu del Señor" (2 Co. 3:18).

Al revisar los esquemas de los estilos de vida de los diferentes trastornos de personalidad, podemos llegar a ser bastante específicos en cuanto a las preocupaciones cruciales para la transformación y el ordenamiento de la vida que todos ellos tienden a provocar. Estas preocupaciones cruciales son imperativos de la obra de Jesucristo, una vez que él ha sido aceptado y designado como

Maestro. Sus imperativos llegan a ser los temas principales para el ministerio de enseñanza del compañerismo de los creyentes en él. Como dice Kierkegaard (1946:296), esta enseñanza no promete que la persona puede ser "catequizada y felicitada en el espacio de una hora". Es un currículo que dura toda la vida.

Intereses cruciales para el ordenamiento y transformación de los trastornos de la personalidad

El interés de asumir y desafiar el núcleo de egocentrismo en cada ser humano

El trastorno de personalidad narcisista demuestra que el núcleo de egocentrismo es el motivo que controla las vidas de algunas personas. Pero el concepto dulce y suave del pietismo cristiano en cuanto a la vida individual y comunitaria de los cristianos ignora, pasa por alto y muestra poco interés por la sabiduría de Pablo cuando dijo: "Así que, el que piensa estar firme, mire que no caiga. No os ha sobrevenido ninguna tentación que no sea humana" (1 Co. 10:12, 13). Esto significa que estamos incluídos todos nosotros. La tentación del egocentrismo es común a todos nosotros. El asumir ese núcleo de egocentrismo es un principio activo de la psiquiatría que hace de nosotros, individual y colectivamente, lo que Scott Peck ha llamado "la gente de la mentira". "La mentira" es esencialmente lo que es el mal. Como dice Peck (1983:123, 124): "Los malos niegan el sufrimiento de su culpa —la conciencia dolorosa de su pecado, su inadecuación y su imperfección— echando la culpa sobre otros a través de la proyección y de un chivo expiatorio. Puede ser que ellos mismos no sufran, pero los que les rodean sí. Ellos hacen sufrir. Los malos crean una sociedad enferma en miniatura para los que están bajo su influencia."

Esa mezcla de maldad y bondad es el justo castigo para los ingenuos espirituales. El hecho de reconocer ese núcleo de egocentrismo estaba explícito en el concepto de Jesús de la comprensión de ese "lado oscuro" o sombra de nuestro ser cuando dijo a sus discípulos: "He aquí, yo os envío como a ovejas en medio de lobos; sed, pues, prudentes como serpientes, y sencillos como palomas" (Mt. 10:16). Asumir el núcleo de egocentrismo en nosotros y en los demás, es ser "prudentes como serpientes".

Un desafío justo del síndrome de poder-éxito

Lo que la serpiente sabía de antemano, es que el núcleo de egocentrismo toma la forma de la codicia por el poder. En la tentación de Eva y Adán en el jardín del Edén, la serpiente no apeló a su hambre física. Apeló a su necesidad de ser "como Dios" (Gn. 3:5). Erich Fromm (1966:43) dice que esto es idolatría, "las ansias de posesiones, de poder, de fama y de todo lo demás".

La tentación seductora de los seguidores de Jesucristo es poder santificar el síndrome de poder y éxito. Cuando Jesús usó la metáfora quirúrgica de extraer el ojo ofensor y cortar la mano ofensora, él la usó para referirse a *dos* tipos de codicia, la codicia del sexo (Mt. 5:29, 30) y la codicia de poder —"¿Quién es el mayor en el reino de los cielos?" (Mt. 18:7-9). Las luchas por el poder en las iglesias y denominaciones están saturadas con la codicia por el poder. Esta codicia hace tropezar a niños y jovencitos en sus años tiernos. Es la marca característica de los santulones antisociales y las personalidades hostil-agresivas en la vida de las iglesias.

Debemos enfrentar de una manera justa esta codicia en nosotros y en aquellos que quieren ejercerla sobre otros. Para hacer esto necesitamos el examen personal y el valor para confrontarla en las artimañas engañosas de los hambrientos de poder en las iglesias. Esta es una parte del programa para ordenar nuestras vidas personales y la vida de la comunidad de la fe. Debajo de sus manifestaciones en las iglesias y los lugares de trabajo, se encuentran hogares donde el rechazo y la hostilidad han sido la norma para la educación de los niños. La educación en pequeños grupos en cuanto a la vida de familia puede señalar a un camino más excelente en el desafío de los poderes políticos de la familia. El liderazgo ministerial de las iglesias puede desafiar el hambre de poder, al ser un ejemplo a los demás en vez de actuar "como teniendo señorío sobre los que están a vuestro cuidado" (1 P. 5:3, ver también Mr. 10:42 y sigtes.). Los líderes laicos de la iglesia pueden hacer lo mismo. Muchas veces los líderes laicos en realidad compiten por la posición del pastor; ¡pero no quieren vivir con el sueldo que tendrían si se les ofreciera ese trabajo!

Interés por la gracia de dejarse enseñar

La suma total del núcleo de egocentrismo y la codicia de poder es la dureza de corazón —el no querer escuchar a los demás ni aprender de otros. Hemos visto que éste es un rasgo común en todos los trastornos de la personalidad. Muy adentro en el corazón humano esta dureza nace de una crianza defectuosa de la persona, o de su desesperación por ver que nunca podrá alcanzar el ideal aparentemente imposible que sus padres, aun siendo afectuosos y considerados establecieron para ella. Por ejemplo, los padres opulentos demasiado generosos pueden minar la iniciativa del niño en crecimiento y puede resultar en un estilo de vida pasivo-agresivo. El niño aceptará cualquier regalo, menos la instrucción y el consejo sabio. El resultado es la testarudez —o la dureza de corazón.

El opuesto a la dureza de corazón es la apertura de corazón, mente y espíritu. También está la ternura de corazón. Yo he preferido mezclar apertura y ternura de corazón en una idea inclusiva; el corazón dispuesto a aprender. Jesús dijo que Moisés permitió que los casados se divorciaran, por la dureza del corazón de ellos. La *Versión Popular* traduce: "Precisamente por lo tercos que son ustedes, Moisés les permitió divorciarse de su esposa" (Mt. 19:8). Generalmente, esta terquedad toma la forma de resistencia o de enojo. El apóstol Pablo dice en Efesios 4:26, 32: "Airaos, pero no pequéis... Antes sed benignos unos con otros, misericordiosos, perdonándoos unos a otros, como Dios también os perdonó a vosotros en Cristo." La ira es una respuesta legítima al daño real o percibido, la frustración y la injusticia. Solamente facilita el encuentro personal. La dureza de corazón está en dejar que el sol se ponga sobre ella y en permitirle su entrada con una actitud de falta de perdón. La búsqueda del perdón y la reconciliación llevan a un corazón tierno y a aprender de los demás cuando nosotros nos equivocamos. De esta manera, un conflicto matrimonial, una discusión en la iglesia, una lucha por el poder, o un choque de voluntades es una situación potencial de aprendizaje y no es necesariamente mala en sí misma. Lo fundamental es si estamos dispuestos o no a aprender lo que nuestro oponente tiene para enseñarnos. Esto es lo que hace la diferencia entre el orden y el desorden en la personalidad. ¿Estamos dispuestos a hacer lugar en nuestros corazones para la otra persona? Como aconsejaba el apóstol Pablo: "¡Hágannos un lugar en su corazón! Con nadie hemos sido injustos; a nadie hemos hecho daño; a nadie hemos engañado. No les digo esto para criticarlos, pues, como ya les dije antes, ustedes están en mi corazón, para vivir juntos y morir juntos" (2 Co. 7:2, 3 V.P.). Este es un proceso mutuo y sin esa disposición mutua a la enseñanza, continúa la perplejidad y puede venir el desaliento a las relaciones humanas. Esto implica una disposición mutua a escucharse uno al otro, a prestar atención a lo que el otro está diciendo o haciendo y a lo que esto *significa*. Este pacto de estar dispuestos a aprender y escuchar con el corazón abierto es una parte indispensable del programa de compañerismo en la iglesia al tratar con el desorden en la personalidad y traer orden al caos de las relaciones humanas mediante un compañerismo de amor basado en el conocimiento.

Es imposible lograr esto con nuestras propias fuerzas. Nuestro propio núcleo de egocentrismo lo dominará. Sólo el Espíritu del Cristo resucitado puede capacitarnos para lograrlo. Esa capacitación ocurrió en el caso de Cleofas y su amigo luego de haber caminado y conversado con el desconocido en el camino a Emaús:

> Y aconteció que estando sentado con ellos a la mesa, tomó el pan y lo bendijo, lo partió, y les dio. Entonces les fueron abiertos los ojos, y le reconocieron; mas él se desapareció de su vista. Y se decían el uno al otro: ¿No ardía nuestro corazón en nosotros, mientras nos hablaba en el camino, y cuando nos abría las Escrituras? (Lc. 24:30-32).

¡Qué antítesis para los rígidos dogmatistas que usan las Escrituras para arrastrar a otros a que se sometan a sus ambiciones!

Probablemente la forma religiosa más corriente de dureza de corazón es el dogmatismo religioso rígido, inflexible y terco; especialmente cuando se lo usa en la familia, en el púlpito y en la conversación religiosa personal, para castigar a la gente. Este dogmatismo puede ser el tipo de desprecio, descrédito y abuso verbal que presentamos como la causa principal del trastorno de personalidad elusiva. Cuando una persona lo incorpora ingenuamente puede llegar a ser la forma religiosa del trastorno de personalidad compulsiva. Cuando se lo rechaza de plano, puede llegar a establecer el fundamento para el comportamiento religioso antisocial. Los corazones duros se reproducen a sí mismos.

Interés en el valor personal y el ministerio de aliento

Parecería que un interés por la autoestima de cada persona dentro del radio del ministerio de aliento de la iglesia sería contrario a una evaluación franca del núcleo de egocentrismo. Por el contrario, el sentido cristiano de autoestima personal está basado objetivamente en la imagen de Dios dentro de nosotros en la cual Dios nos creó. Brota del hecho de haber sido comprados por precio, ya que somos personas por las que Cristo murió. Pero además, ese mismo Cristo nos capacita para que nos demos cuenta de una manera subjetiva de nuestro propio valor, con el hecho de que no nos pide que lo superidealicemos. El sufrió tentaciones como nosotros, tomó sobre sí mismo las mismas limitaciones que nosotros tenemos, se compadece de nosotros cuando nos rechazamos a nosotros mismos, y cree en nosotros y nos ama cuando nosotros mismos no lo hacemos. Cuando cedemos a la tentación, él nos asegura, como lo hizo con Simón Pedro, que todavía podemos cambiar y ser de fortaleza y aliento para otros en la misma situación.

Podemos acercarnos a él sin temor para encontrar ayuda en momentos de necesidad. En su demanda de que estemos siempre buscando la madurez y la plenitud, él no requiere que neguemos ni nuestra humanidad, ni la de él.

Por lo tanto, Cristo vuelca el tesoro de su ministerio de aliento en las vasijas terrenales de nuestro ser. El nos capacita para depositar confianza en las posibilidades de los demás, a medida que van tomando pasos prácticos para traer a la realidad esos dones útiles. La misión de la iglesia en cuanto a nutrir la autoestima floreciente para encauzarla a un propósito claro en la vida compensa el bajo sentido de autoestima que yace específicamente debajo de los trastornos de personalidad dependiente, pasivo-agresiva, asocial y elusiva. De manera más general yace debajo del resto de los trastornos.

Desarrollo y aprecio de la vida de oración meditativa y contemplativa

Uno de los alimentos espirituales que faltan en gran parte de la vida activa y agresiva de muchos grupos religiosos, es un aprecio sólido de las personas menos "sociables", como los que tienen desórdenes de personalidad del tipo asocial, elusivo y aun paranoico. Para poder establecer una relación con estas personas, la congregación y sus ministros deben ir más despacio, tomar más tiempo del que se requeriría para formar amistades "instantáneas", y aprender a apreciar la distancia y la soledad que parecen necesitar las personas tímidas y recluidas. Podemos mirar a los ejemplos, para aprender de ellos y ser fortalecidos, de Thomas Merton y Morton Kelsey en la tradición católica; Rufus Jones, Thomas Kelly y Douglas Steere en la tradición cuáquera; y Howard Thurman y Edward Thornton en las tradiciones metodista y bautista. Como he dicho anteriormente, esa actitud de contemplación y meditación de nuestra parte, nos hace ir más despacio, para que podamos ser capaces de "conectarnos" con los individuos tímidos, aburridores, recluidos, excéntricos y aun los paranoicos. Puede ser que ellos decidan permanecer como participantes anónimos en la iglesia. Puede ser que nunca vengan a la iglesia, pero que subrepticiamente den dinero, hagan buenas obras, nos llamen por teléfono cuando menos lo esperamos, o vengan a visitarnos cuando se enteran de que tenemos un problema. Lo principal es que habrá un núcleo de afecto en el centro de su ser, si nosotros tenemos la paciencia, constancia y actitud contemplativa para establecer un contrato con el mismo y reconocerlo cuando lo vemos. ¡Es muy sutil!

La prioridad de constancia y durabilidad en las relaciones con individuos y familias

Un denominador común en todos aquellos que están afligidos con trastornos de personalidad es su falta de habilidad para formar y mantener relaciones durables. Sus estilos de vida en el matrimonio, en las amistades y en el trabajo, se caracterizan por la brevedad, fragilidad y alienación de sus relaciones. Como resultado de la aislación, la soledad, el divorcio y la dificultad en mantener un trabajo, se encuentran en un tobogán cultural, económico y de personalidad, deslizándose por el curso de sus vidas. Sus vidas religiosas sufren una suerte similar. A medida que rompen relaciones con un grupo tras otro, o estos grupos los rechazan, se transforman en religiosos itinerantes. La mayoría de las veces esto sucede sin que ocurra ningún rompimiento dramático. Simplemente la iglesia y sus ministros pierden contacto con ellos. Ellos se alejan de la comunidad religiosa como también lo hacen de la comunidad de salud mental.

Pero en el amor de Jesucristo tenemos un amor que no nos deja. El mensaje esencial de la resurrección de Jesucristo es que en él tenemos una relación que ni aun la muerte puede romper, sino sólo cambiar. La constancia e inmutabilidad de un ser humano que se interesa y se dedica a esa persona que hace todo lo posible para invitar al desprecio, el rechazo y la hostilidad, es al principio una buena noticia sorprendente. Luego pasa a ser algo tan irreal que debe someterse a pruebas adicionales. Finalmente, habiendo sobrevivido a todo esto, es aceptada. Ese examen requiere candor, un establecimiento franco de límites, verdadero humor y la confesión de los verdaderos errores cuando estos se cometen. Entonces, aun la persona limítrofe y establemente inestable, empieza a experimentar algo de integridad y confianza hacia el mundo. Al tratar con personas que tienen trastornos pronunciados de personalidad, usted y yo debemos "sentarnos cómodamente porque el viaje es muy largo", tal como me dijera un pastor veterano cuando me veía enfrentar mi primer pastorado como si yo tuviera que lograr todo en el primer verano.

El interés por lograr constancia en las relaciones personales es el tema principal y último de la agenda de la iglesia y su ministerio como una comunidad de esperanza en la resurrección. La necesidad de lograr esto es el desafío apremiante en el cuidado de las personas con trastornos de personalidad manifiestos. El rompimiento de las relaciones es la tragedia que ellas comparten. La vida de los pequeños grupos en la iglesia tiene mucho que ofrecer para evitar esta tragedia. También puede ser de utilidad una buena terapia familiar y matrimonial tanto por un laico como por un profesional. Sin embargo, la conciencia del personal de salud tanto mental como religiosa en cuanto a la necesidad de *continuidad* en las relaciones bajo su cuidado está en un nivel bajo. Por ejemplo, el pastor *personal*, el médico *personal* y el psiquiatra *personal* son especies casi en extinción en los sistemas médicos y religiosos de nuestros días. Pero la naturaleza de la fe cristiana y el cuidado médico de la persona como un todo, demandan ese cuidado continuo.

Hemos llegado al final de nuestra conversación en cuanto a desenmascarar trastornos de personalidad en personas inadaptadas. Sus dificultades en la vida son dificultades *sociales*. Los problemas que tienen para establecer relaciones duraderas con sus cónyuges, hijos, escuelas, trabajos y la comunidad cristiana, señalan casi con la misma frecuencia al vacío y la defectuosidad de nuestros valores culturales, nuestras creencias y expectativas, como al de las intensas interacciones entre padres e hijos. Una y otra vez vemos estas rupturas personales como un microcosmos de la ruptura de nuestra cultura occidental. Hemos visto comportamientos religiosos que son un reflejo, en vez de un desafío profético, del quebrantamiento de nuestra cultura. El desafío que tenemos por delante es: "Por la multitud han sido rotos, por la multitud serán sanados." En la comunidad resucitada de aquellos que han sido crucificados con Cristo nosotros vivimos; mas no vivimos nosotros, sino Cristo vive en nosotros, y estamos llamados a vivir una vida ordenada por él. Estamos persuadidos de que en la vida de esa comunidad, las personas con estilos de vida desordenados ya no necesitan las máscaras de sanidad que esos desórdenes representan. Las máscaras son muy cansadoras. Podemos deshacernos de ellas y ser ministros que alienten a otras personas a hacer lo mismo.

Bibliografía

American Psychiatric Association. 1980. *Diagnostic and Statistical Manual of Mental Disorders* (DSM III). Washington, D.C.: American Psychiatric Association.

Augsburger, David W. 1986. *Pastoral Counseling Across Cultures.* Philadelphia: Westminster Press.

Benson, Herbert. 1975. *The Relaxation Response.* New York: William Morrow, & Co.

Berne, Eric. 1972. *What Do You Say After You Say Hello? The Psychology of Human Destiny.* New York: Grove Press.

Bowlby, John. 1973. *Separation: Anxiety and Anger.* New York: Basic Books.

_____. 1979. *The Making and Breaking of Affectional Bonds.* New York: Methuen.

_____. 1982. *Loss: Sadness and Depression.* New York: Basic Books.

_____. 1983. *Attachment.* 2da. ed. New York: Basic Books.

Bunyan, Juan. 1951. *El progreso del peregrino.* El Paso: Casa Bautista de Publicaciones.

Cleckley, Hervey. 1955. *The Mask of Sanity.* St. Louis: C.V. Mosby Co.

Coles, Robert. 1978. *Festering Sweetness: Poems of American People.* Pittsburgh: University of Pittsburgh Press.

Colson, Charles. 1977. *Nací de nuevo.* Miami: Editorial Caribe.

Cranfield, Charles E.B. 1979. *A Critical and Exegetical Commentary on the Epistle to the Romans.* 6a. ed. Vol. 2. International Critical Commentary. Edinburgh: T. & T. Clark.

DSM III. *Ver* American Psychiatric Association.

Elkind, David, 1981. *The Hurried Child: Growing Up Too Fast Too Soon.* Reading, Mass.: Addison-Wesley Publishing Co.

Erikson, Erik H. 1964. *Insight and Responsibility.* New York: W. W. Norton & Co.

_____. 1968. *Identity: Youth and Crisis.* New York: W. W. Norton & Co.

_____. 1977. *Toys and reasons: Stages in the Ritualization of Experience.* New York: W. W. Norton & Co.

Freud, Sigmund. (1914) 1951. "On Narcissim: An Introduction."
    The Complete Psychological Works of Sigmund Freud. Vol. 4.
    London: Hogarth Press.
Friedman, Meyer, y Ray H. Rosenman. 1974. *Type A Behavior and
    Your Heart.* New York: Rinehart & Co.
Fromm, Erich. 1947. *Man for Himself: An Enquiry Into the
    Psychology of Ethics.* New York: Rinehart & Co.
_____. 1966. *You Shall Be as Gods: A Radical Interpretation of the
    Old Testament and Its Tradition.* New York: Holt, Rinehart &
    Winston.
_____. 1973. *The Anatomy of Human Destructiveness.* Nueva ed.
    New York: Holt, Rinehart & Winston.
Gabbard, Glen O. 1985. "The Role of Compulsiveness in Physics."
    Journal of the American Medical Association 254(20) 2926-
    2929.
Hiltner, Seward. 1952. *The Counselor in Counseling.* Nashville:
    Abingdon-Cokesbury Press.
Hinsie, L.E., y R.J. Campbell, eds. 1970. *Psychiatric Dictionary.*
    4a. ed. New York: Oxford University Press.
Hoffer, Eric. 1951. *The True Believer: Thoughts on the Nature of
    Mass Movements.* New York: Harper & Row.
Kierkegaard, Soren. (1849) 1941. *The Sickness Unto Death.* Tr. al
    inglés por Walter Lowrie. Princeton: Princeton University
    Press.
_____. (1843) 1944. *Either/Or.* Tr. al inglés por Walter Lowrie. Vol.
    2. Princeton: Princeton University Press.
_____. (1847) 1946. *Works of Love.* Trad. al inglés por David F.
    Swenson y Lillian Marvin Swenson. Princeton: Princeton
    University Press.
Lester, Andrew D. 1983. *Coping with Your Anger: A Christian
    Guide.* Philadelphia: Westminster Press.
Loder, James E. 1981. *The Transforming Moment: Understanding
    Convictional Experience.* New York: Harper & Row.
Luther, Martin. (1517) 1957. *Luther's Ninety-Five Theses.* Trad. al
    inglés por C.M. Jacobs. Philadelphia: Fortress Press.
Madden, Myron. 1970. *The Power to Bless.* Nashville: Broadman
    Press.
Millon, Theodore. 1981. *Disorders of Personality: DSM III; Axis II.*
    New York: John Wiley & Sons.
Oates, Wayne E. 1971. *Confessions of a Workaholic.* Nashville:
    Abingdon Press.
_____. 1985. *Managing Your Stress.* Philadelphia: Fortress Press.
Peck, M. Scott. 1983. *The People of the Lie: The Hope for Healing
    Human Evil.* New York: Simon & Schuster.

Reid, William H. 1983. *Treatment of the DSM III Psychiatric Disorders.* New York: Brunner/Mazel.

Reiser, David E. y Hanna Levenson. 1984. "Abuses of the Borderline Diagnosis." *American Journal of Psychiatry* 141(12): 1528.

Relman Arnold S. 1980. "The New Medical-Industrial Complex." *New England Journal of Medicine* 303:963-970.

Robertson, Archibald, y Alfred Plummer. (1914) 1953. *A Critical and Exegetical Commentary on the First Epistle of St. Paul to the Corinthians.* 2a. ed. Edinburgh: T. & T. Clark.

Rogers, Carl R. 1951. *Client-Centered Therapy: Its Current Practice, Implications and Theory.* Boston: Houghton Miffin Co.

Samuelson, Robert J. 1986. "How Companies Grow Stale." *Newsweek,* Septiembre 8, 1986.

Selye, Hans. 1976. *The Stress of Life.* Ed. rev. New York: McGraw-Hill Book Co.

Sullivan Harry Stack. 1947. *Conceptions of Modern Psychiatry.* Washington D.C.: William Alanson White Psychiatric Foundation.

———. 1953. *The Interpersonal Theory of Psychiatry.* New York: W. W. Norton & Co.

Tiebout, Harry M. 1950. "The Act of Surrender in the Treatment of Alcoholism." *Pastoral Psychology* 1(2):1.

Zee, Hugo G. 1980. "The Guyana Incident." *Bulletin of the Menninger Clinic* 44(4):345-363.